정말 **천사**는 있습니다!

정말 천사는 있습니다!

메어리 K. 백스터 지음 편집부 기획

천사는 누구인가?

하나님과 인간을 위한 천사의 비밀

Grace 은혜출판사

하나님 아버지, 성자 예수, 성령께

이 책을 봉헌하며,

찬양과 존귀와 영광을

하나님께 드립니다.

메어리 K. 백스터

본 저서는 성경 말씀과 체험적인 믿음을 기초로 하여 천사에 대하여 기록한 책이다. 그동안 천사에 대하여 무관심했던 기독교인들에게 새로운 영안을 갖게 한다. 성경에서는 천사가 하나님 나라의 특사 또는 종으로 기록되어 있다. 「정말 천사는 있습니다!」에서 메어리 K. 백스터는 성경적 가르침과 자신의 경험을 결합시켜 독자들에게 천사의 사역에 대하여 생각하게 하고 영안을 갖게 한다.

조용기

(여의도 순복음 교회 목사)

「정말 천사는 있습니다!」에서 오늘날 이루어지고 있는 천사의 사역을 드러내고자 하는 메어리 K. 백스터의 꿈, 계시, 비전을 볼 수 있는데, 이것은 매우 흥미로운 일이며 우리 자신들도 이 일에 참여한 것이다. 독자들이 이 책을 통하여 깊은 감명을 받을 것이라고 믿는다.

오랄 로버츠

(Oral Roberts University 설립자 겸 학장)

메어리 K. 백스터는 세계적으로 많은 독자를 가지고 있다. 메어리 K. 백스터는 「정말 천사는 있습니다!」에서 자신이 경험한 천사들에 대하여 말하고 있으며, 우리의 삶 속에서 역사하는 천사들의 사역을 제시하였다. 우리가 능력이 부족할 때, 하나님은 우리를 지극히 사랑하시어 특별한 도움을 주신다. 이 책은 당신에게 큰 축복이 될 것이다.

빌 조오지

(Church of God Publications 책임자)

「정말 천사는 있습니다!」는 영적 세계에서 하나님의 사자인 천사에 대한 당신의 심령을 뜨겁게 하고 감사의 마음을 갖게 하는 놀라운 계시의 책이다. 메어리 K. 백스터는 성경 말씀과 자신이 경험한 사건을 이 책에 기록함으로써 우리 모두가 경험한 것들과 하나님의 말씀을 연결함으로 얻을 수 있는 기쁨과 영감을 주었다. 이 책을 읽을 때마다 당신을 향한 하나님의 사랑을 깨달을 것이다.

파울라와 랜디 화이트

(Without Walls International 목사)

메어리 K. 백스터는 우리에게 하나님의 놀라운 사랑과 보호하심을 깨달을 수 있는 기회를 제공하였다. 천사에 관한 이 책은 하나님으로부터 받은 환상과 계시 가운데에서 자신이 경험한 것으로 채워져 있으며, 모든 것은 성경에 기초하여 기록되었다. 자녀에 대한 놀랍고도 특별한 하나님의 구원과 보살핌에 대하여 읽을 때마다 영적 기쁨이 충만할 것이다. 하나님은 항상 우리에게 말씀하고 계신다.

젠티즌 프랭클린

(Free Chapel Worship Center 목사)

수년 동안 메어리 K. 백스터는 그리스도 몸의 형상을 소유하면서 천국을 향해 나아갔다. 로웨어리와 함께 쓴 「정말 천사는 있습니다!」는 우리가 확고한 믿음의 신조 위에 설 수 있는 닻을 마련해 주었다.

존 길파트릭트

(Brownsville Assembly of God 담임목사)

하나님 사자인 천사의 사역은 성경을 통하여 볼 수 있다. 그러나 오늘날 많은 신자는 사람에 의해서 만들어진 천사 상을 지니고 있다. 천사들의 존재와 사역에 대한 잘못된 이해는 세속적인 신문, 텔레비전, 영화, 문학에서 비롯된 것이다. 「정말 천사는 있습니다!」는 천사에 대한 정확한 기록이다. 메어리 K. 백스터와 로웨어리는 누구나 영적으로 듣고 쉽게 이해할 수 있도록 저술하였으며, 독자에게 소중한 깨달음을 주었다. 하나님의 천사들이 순간마다 신자들의 생활 속에서 역사하는 놀라운 일들을 독자들은 충분히 이해할 것이다.

로드 파스레이

(World Harvest Church 목사

Breakthrough Media Ministries CEO)

| 서문 |

프랜시스 베이컨은 어떤 책은 맛만 보아도 되고 어떤 책은 삼켜버려도 되지만, 소수의 책은 차분하게 읽으면서 이해해야 한다고 말하였다. 즉 어떤 책은 부분적으로 그리고 의구심 없이 읽으면 되지만, 소수의 책은 열정과 주의를 기울여 전체를 자세히 읽어야 한다.

이 책은 차분하게 읽으면서 이해해야 하는 부류의 책으로 연구하면서 흥미롭게 읽을 수 있다. 가끔 논란의 여지가 있는 주제도 있지만, 천사에 대한 연구는 매우 중요하다. 천사에 관한 주제는 새로운 것이 아니지만, 현실적이고 우리의 삶과 밀접한 관계성을 지닌 것이다. 천상의 존재인 천사에 대한 많은 혼란과 잘못된 지식이 계속 확산되고 있다. 우리가 믿고 있는 위대하신 하나님의 말씀인 성경이 천사에 대하여 무엇을 말씀하고 있는가를 아는 것은 매우 중요하다.

메어리 K. 백스터는 선택받은 하나님의 종이다. 기름 부음 받은 그녀는 하나님의 진리의 말씀을 담대하게 선포하고 있다. 이 마지막 때에 주권자 되시는 주님이 그녀를 선택하시고, 우리 모두에게 영적 문제에 대하여 놀라운 빛을 줄 수 있는 신비롭고 놀라운 계시를 주었다.

그녀는 하나님의 계시를 받아 첫 번째 책인 「정말 지옥은 있습니다!(A Divine Revelation of Hell)」를 저술하였다. 이 책은 하나님 믿기를 거부하여 마침내 지옥으로 떨어진, 상실된 영혼들에게서 일어난 일들을 증언한 것이다.

그녀의 두 번째 책인 「정말 천국은 있습니다!(A Divine Revelation of Heaven)」에는 놀라운 천국에 대한 내용이 담겨져 있다. 하나님이 그녀에게 보여준 천국의 아름다움과 그곳에서의 상급을 기록하였다.

그녀의 세 번째 저서인 「영적 세계의 비밀(A Divine Revelation of the Spirit Realm)」은 영적 축복에 참여하고 있는 사람들이 소유할 천국 보화와 성령의 격려를 담고 있다.

그녀의 최근 저서인 「정말 천사는 있습니다!」는 두 가지 의의를 지닌다.

첫째, 성경에 기록된 천사에 대하여 연구한 것을 제시하고 있다. 천사에 대한 거짓 내용과 잘못된 가르침이 만연하고 있는 현실에서 하나님의 진리를 아는 것은 매우 중요하다. 나는 메어리

K. 백스터와 함께 이 책을 저술했다. 우리는 열심히 성경을 연구했으며, 성경 말씀과 일치한다고 확신한 내용만을 제시하였다. 이 책은 성경에 확고한 기초를 두고 있다.

둘째, 하나님이 천사에 관하여 메어리 K. 백스터에게 주신 환상과 계시를 신실하게 기술한 것이다. 그녀가 기록한 것들은 천상의 영적 피조물에 대한 그녀의 진실한 고백이다.

이미 여러 국가의 수많은 사람은 그녀의 저서들을 통하여 은혜를 받았다. 이 책들이 더 많은 사람에게 읽히고, 이 책을 통하여 삶의 변화를 경험한 사람들로부터 열정적인 반응이 나타나는 것은 더할 나위 없는 기쁨이다.

하나님이 당신을 축복하시고 지켜주시기를 기도한다. 하나님은 당신에게 그의 얼굴을 비추시고 범사에 당신을 축복하신다. 당신이 이 책을 읽을 때 하나님의 신령한 기름 부음과 새로운 계시가 임하시며, 또한 하나님 나라를 세우는 데 있어서 넘치는 열매를 맺고 마지막 추수에 참여하는 주인공이 되기를 기도한다.

- 로웨어리 박사

| 이 책에 대하여 |

이 책은 성경에 기록된 천사에 대한 연구이며, 천국 사자에 관하여 하나님이 나에게 주신 수많은 체험에 대한 진실한 고백을 담았다. 나는 하나님의 약속을 굳게 믿는다.

> 네가 말하기를 여호와는 나의 피난처시라 하고 지존자를 너의 거처로 삼았으므로 화가 네게 미치지 못하며 재앙이 네 장막에 가까이 오지 못하리니 그가 너를 위하여 그의 천사들을 명령하사 네 모든 길에서 너를 지키게 하심이라 그들이 그들의 손으로 너를 붙들어 발이 돌에 부딪히지 아니하게 하리로다(시 91:9-12)

나는 이 책을 저술하는 동안 천사들이 나와 함께 하셨음을 믿는다. 또한, 많은 사람이 저술이 가능하도록 도왔으며 진심으로 그들에게 감사를 드린다.

첫째로 측량할 수 없는 지지를 보내주신 나의 목회자, 멘토, 영적 조언자인 로웨어리 목사님께 감사를 드린다. 그분의 조언, 기도, 도움이 없었다면 이 책을 발간하지 못했을 것이다. 나는 로웨어리 목사님과 목사님 사역 가운데 내조, 격려, 지원을 아끼지 않으신 아름다운 밀드래드 사모님께 감사를 드린다.

나를 지원해주시고 격려해 주신 워싱턴에 있는 나의 출석 교회인 하나님의 국가교회와 스테판 로웨어리 목사님께 진심으로 감사를 드린다.

내가 하나님으로부터 받은 메시지를 전달할 수 있도록 도와주신 펜실베니아에 있는 Whitaker House in New Kensington에 계신 분들께 깊은 감사와 신뢰를 드린다.

무엇보다도 본 저서의 내용을 여러 성도와 함께 할 수 있도록 나를 선택하여 주신 하나님께 감사를 드리며, 성부 하나님, 성자 하나님, 성령 하나님께 찬양과 존귀와 영광을 드린다.

- 메어리 K. 백스터

| 목 차 |

PART 3

천사에 대한 체험

PART 4

개인 적용과 그룹 토의

PART 1
천사의 본질

1
천사는 존재하는가?

사람들은 수 세기 동안 천사의 이상에 사로잡혀 왔다. 역사 속에서 대부분의 종교는 영적 존재, 능력자, 주재자에 대한 신앙을 가지고 있었다. 고대의 무지한 이교도들은 죽은 조상에서 분리된 혼, 자연이 지닌 혼, 다른 세계에서 온 요정들을 영적 존재로 신봉하였다.

고고학자들은 벽이나 절벽에 조각된 동굴 그림에서 날개 달린 존재의 형상들을 발견하였다. 중세 시대의 고전적인 예술가들은 그들의 작품 속에 자주 천사로 간주할 수 있는 그림을 예술적 상징으로서 보편적으로 사용하였다. 그림 속의 천사는 후광 속에서 흰 옷을 입고 하프나 다른 악기를 연주하는 날개 달린 인간 모양으로 묘사되어 있다. 천사의 날개는 그들이 하늘의 거룩한 존재임을 말해주는 중요한 의미를 지닌다. 흰 옷과 후광은 순결과 거룩의 상징이다. 악기는 천사들이 하나님을 찬양하는 모습을 보여준다. 우리가 현재 가지고 있는 천사의 형상은 중세와 르네상스 시대의 작품에 나타난 천사의 모습에 기인한 것이다.

'천사 마니아'

오늘날 사회에서 천사는 대단히 인기 있는 존재이다. 나는 지난 몇 년간 목회를 하면서 하늘의 존재에 대하여 모든 계층 사람들의 관심이 지속적으로 증가하고 있는 것을 보았다. 어느 곳에서나 사람들은 나에게 천사에 관하여 묻는다. 초자연적 세계를 강조하지 않는 보수적인 배경을 지닌 기독교인들까지도 이런 하늘의 존재에 점점 더 큰 매력을 느끼고 있다.

교회뿐 아니라 사회에서도 천사에 대한 관심이 증가하는 현상이 나타나고 있다. 박물관에는 날개를 지닌 존재의 그림과 조각들로 가득 차 있다. 천사와 관련된 제목의 책들이 지속적으로 베스트셀러 목록에 올라와 있다. 서점들은 신간서적 코너의 많은 부분을 하늘 존재에 관한 서적에 할애하고 있다.

더 나아가 우리는 대중매체를 통하여 천사에 대한 기사와 보도를 자주 접하고 있다. 대중적 인기를 끌고 있는 'Touched by an Angel' 이라는 텔레비전 쇼는 수호천사의 존재를 보여 주고 있다. 'Highway to Heaven' 이라는 인기 있는 프로그램은 천사가 죽을 운명에 처한 인간을 돕고자 세상에 온 것을 보여준다.

대중에게 회자되고 있는 많은 서정시도 천사에 대하여 노래하고 있다. 천사에 대한 형상은 생일 카드나 결혼 초청장에서 볼 수 있다. 기념품, 보석류, 종교적 또는 유사 종교적 물건에서도 볼 수 있다. 화가와 작가들은 계속해서 천사를 다양한 유형으로 묘사하고 있다.

타임지는 'Angels among Us' 를 커버스토리 주제로 삼았다. 타임지에서는 천사를 열망하고 있는 현상을 다음과 같이 설명하였다.

'하나님과 그의 통치에 억압감을 느끼는 사람들에 있어서 천사는 화해, 솜털, 메링게 과자, 친절, 무조건 수용의 상징으로 다가갈 수 있다는 것을 신학자들은 발견하였다. 천사들은 아스피린처럼 모든 사람에게 이용되고 있다.'

오늘날 많은 사람은 양심을 달래고, 현실 생활에서 도피하고, 즐겁고 자유롭게 보이는 상상의 세계로 들어가려고 천사의 형상을 사용하는 것 같다.

천사는 무엇인가? 천사는 실제로 존재하는가? 요정이나

선녀처럼 사람이 만든 가상적인 존재인가? 천사들은 풍요로운 마음에 사로잡혀 있는 사람들이 현실과 공상 사이에 허무하게 머물도록 하는 상상의 존재인가? 만약 천사들이 존재한다면, 어떻게 우리는 확인할 수 있는가? 그들을 볼 수 있는가?

천사에 대한 나의 관심

천사에 대한 나의 관심은 지나가는 일시적 관심이나 열망 그 이상이다. 오래전부터 하나님은 그 천사들의 사역에 관한 계시와 함께 영적 세계에 대한 꿈과 환상과 계시들을 나에게 주시기 시작했다. 나는 '천사' 라고 불리는 특별한 사람에 대하여 언급하는 것이 아니라, 하나님의 영적 전달자로서 하나님의 명령에 복종하고, 하나님의 백성을 구원하고자 보냄 받은 특별한 중계자인 천사에 대하여 말하는 것이다. 기도하고 하나님의 말씀을 묵상할 때마다 이러한 환상과 계시가 항상 나에게 임했다.

나는 이러한 체험을 「정말 지옥은 있습니다!(A Divine Revelation of Hell)」, 「정말 천국은 있습니다!(A Divine Revelation of Heaven)」, 「영적 세계의 비밀!(A Divine Revelation of the Spirit Realm)」 등의 저서에 기록하였다. 따라서 나는 수년 동안 하나님이 주신 엄청난 계시와 하나님의 비밀에 대하여 본 것을 자세하게 말할 수 있다. 「정말 천사는 있습니다!」에서는 하나님이 나에게 주신 천사에 대한 환상과 계시를 강조하고자 한다. 나는 우리가 하나님을 사랑하고 섬기듯이 우리를 위해 생활 속에서 역사하는 천사의 사역을 보여주고 싶다.

하나님이 나에게 주신 계시를 이야기하기 시작했던 1976년에 나는 낯선 지역으로 몰리는 개척자와 같았다. 하나님의 계시를 이야기할 때마다 나는 조롱과 핍박과 조소를 받았다. 그러나 계시를 전달하는 것을 하나님의 명령으로 알고 이야기하기를 중단하지 않았다. 오늘도 하나님은 넘치는 현시와 계시를 주셨다. 하나님은 이 시간에도 우리에게 계시하실 비밀을 갖고 계시며 우리는 그분을 믿어야 한다.

하나님이 계시를 주시는 목적

나는 예수님의 종이며, 그분은 그의 종에게 자비롭고 선하신 분이라는 사실에 큰 은혜를 받았다. 하나님은 이러한 환상과 계시를 나에게 주셨고, 나는 환상과 계시를 그리스도의 몸인 교회와 믿지 않는 자들에게 주었다. 이것들은 하나님이 우리 가운데 역사하고 계시다는 증거이다.

성경은 "주 여호와께서는 자기의 비밀을 그 종 선지자들에게 보이지 아니하시고는 결코 행하심이 없으시리라(암 3:7)" 라고 말씀하고 있다. 하나님은 소망과 용기 그리고 우리와 함께 하시는 것을 나타내려고 환상과 계시를 보여주신다.

내가 이야기하고자 하는 것들은 하나님의 말씀과 연관되어 있다. 나는 천사에 관한 진실이 신화나 전설이 아니라는 것을 성경과 하나님의 계시로 알았다. 이것들은 교묘한 상술이나 텔레비전 프로그램의 예고편 그 이상이다. 천사들은 완전한 영적 존재이다.

나는 예수 그리스도를 하나님의 존귀한 자리까지 높이기 위하여 이것을 기록하였다. 내가 계시를 받은 목적은 사람들을 하나님께 인도하고 하나님께 존귀와 영광을 드리기 위함이다. 당신을 향한 예수님의 사랑과 보호하심이 얼마나 큰 것인지를 알아야 한다. 그분은 당신에게 말해주고 싶은 것과 심령을 열고 그 안에 넣어주고 싶은 많은 것을 갖고 계신다. 그분은 당신의 신실한 친구가 되기를 원하며 당신에게 온전히 자신을 드러내시고자 한다. 당신은 그분에게 말할 수 있고, 그분도 당신에게 말한다. 그분이 바로 놀라운 사랑의 하나님이시다.

내가 예수 그리스도를 전심으로 사랑하고 있다는 사실을 당신이 알기를 원한다. 그분은 나에게 있어서 너무나 좋으신 분이다. 나는 진실만을 이 책에 기록하였다. 당신이 이 책을 이해함으로써 장래에 천국에서 그리스도와 함께 앉아 있을 것을 믿기 원한다. 이것이 바로 우리 모두에게 향한 그분의 바람이다.

> 긍휼이 풍성하신 하나님이 우리를 사랑하신 그 큰 사랑을 인하여 허물로 죽은 우리를 그리스도와 함께 살리셨고 (너희는 은혜로 구원을 받은 것이라) 또 함께 일으키사 그리스도 예수 안에서 함께 하늘에 앉히시니(엡 2:4-6)

하나님은 천사에 대하여 이 책에 기록할 내용을 나의 심령 속에 넣어 주셨다. 그분은 나에게 영감을 주어 하나님이 얼마나 선하신 분이며 자기 백성을 사랑하시는가를 세상 사람들이 알 수 있도록 기록하게 하셨다. 나는 천사를 볼 때마다 내가 본 계시를 다른 사람에게 말할 수 있도록 나를 인도해 달라고 성령님께 기도했다. 내가 이 책을 쓴 것은 하나님이 나에게 주신 것을 당신과 함께하고자 함이며, 당신이 하나님의 비밀과 계시로 강하게 되고 영안이 밝아지기를 기도한다.

이 책이 하나님을 필요로 하는 사람들을 돕고자 전 세계로 확장되기를 기도한다. 왜냐하면 내가 경험한 천사에 대한 증거가 자신을 향한 하나님의 사랑과 관심을 깨닫는 데 도움이 되기 때문이다. 하나님이 직접 또는 천사를 통하여 예수의 이름으로 무거운 짐을 벗겨주고, 연약함과 질병을 치유하시고, 억압에서 자유롭게 하시는 역사가 이 책을 통하여 일어나기를 기도한다.

하나님이 원하시는 것은 "내가 기뻐하는 금식은 흉악의 결박을 풀어 주며 멍에의 줄을 끌러 주며 압제 당하는 자를 자유하게 하며 모든 멍에를 꺾는 것이 아니겠느냐(사 58:6)"이다.

나는 하나님이 주신 놀라운 계시와 그의 거룩한 천사에 대하여 보여주신 것들을 기억할 때마다 항상 벅찬 감격을 느낀다. 하나님은 우리를 사랑하시어 우리의 유익을 위하여 천사들을 활용하신다. 1부와 2부에서는 천사의 본질과 천사의 역할에 대하여 성경에 기록된 것을 설명하고자 한다. 3부에서는 하나님이 성령을 통해 천국의 전달자에 대하여 나에게 보여주신 계시를 담았다. 그리고 내가 체험한 하나님의 천사에 대한 기적을 나누고자 한다. 이러한 기적들은 천사들이 하나님께 영광 드리고, 하나님의 백성을 인도, 보호, 위로, 지켜주라는 하나님의 명령을 수행하는 것을 강조하고 있다. 4부에서는 각부에서 제시된 주제에 대하여 개인적으로 생각하거나 그룹 토의를 할 기회를 마련하였다.

2
천사에 대한 진실

천사에 대한 연구는 진지하고 거룩한 목적으로 이루어져야 한다. 당신은 천사에 대한 강의를 듣거나 천사를 주제로 한 글을 읽을 때, 특히 인터넷에 게재된 내용을 볼 때 주의를 기울여야 한다. 오늘날 성행하는 천사에 대한 많은 강의는 거짓이며, 사람들을 속이는 것이다. 이러한 일이 종교의 영역 안에서도 이루어진다. '천사 마니아' 의 거대한 물결을 경험하고 있는 오늘날, 우리는 성경이 천사에 대하여 무엇을 말씀하고 있는지를 분명히 알아야 한다. 천사에 대한 거짓 내용이 범람하고 있지만, 나는 이 책에서 진리만을 증거하고 있다. 이 책에 기록된 것은 진실이며, 어느 하나도 허무맹랑한 것이 없다.

선한 천사와 악한 천사

대부분 사람은 세상에 두 종류의 천사들이 활동하고 있다는 것을 모르고 있다. 이것 때문에 천사의 본질과 역할에 대하여 혼란을 겪고 있으며 속고 있는 것이다. 모든 천사가 친절하고 도움을 주는 것은 아니다. 좋은 천사들과 악한 천사들이 존재한다.

선한 천사들은 항상 하나님의 뜻을 추구하며 우리의 유익을 위하여 일한다. 악한 천사들은 그들의 의도를 숨기면서 우리를 속이려고 한다. 그들은 우리를 돕기보다는 해치려고 하는 사탄들이다. 따라서 천사의 본질과 역할에 대한 올바른 성경적 이해를 하지 못한 사람들에게 천사에 대하여 배우는 것은 매우 위험한 일이다. 하나님이 나로 하여금 이 책을 쓰도록 한 이유 중 하나는 인간을 돕기 원하는 천사와 인간을 해치려는 천사를 구별할 수 있는 방법을 알려주려는 것이다. 나는 주로 하나님의 선한 천사들에 대하여 하나님께서 나에게 보여주신 내용을 이 책에 기록하였다. 우리가 거짓을 분별하려면 하나님의 거룩한 천사에 대한 진리를 정확하게 이해해야 한다.

성경에 나타난 천사들

성경은 천사에 대하여 확실하게 기록하고 있으며, 천사는 실제로 존재한다고 가르치고 있다. 하나님 말씀인 성경은 천사의 본질을 이해하는 데 있어서 가장 기본적인 근거가 된다.

> 하나님의 말씀은 다 순전하며 하나님은 그를 의지하는 자의 방패시니라(잠 30:5)

성경에 천사 또는 천사들이라는 단어가 약 300번 나타나 있으며, 천사의 사역이 250번 이상 언급되어 있다. 천사가 성경 35권에서 언급되어 있다. 구약에는 보편적으로 천사를 히브리어 말락(mal'ak)으로 기록하고 있으며, 신약에서 가장 많이 사용한 단어는 헬라어 앙겔로스(aggelos)이다. 두 단어 모두 '전달자' 라는 의미이다.

성경에는 천사의 기원과 다양한 유형이 기록되어 있으며, 그들의 특성, 습관, 행동유형 등의 중요한 사실들을 보여주고 있는데, 많은 부분은 현재 보편적으로 믿는 것과 상반된다. 나는 다음 장에서 천사의 본질과 사역에 대하여 자세하게 말할 것이다. 그러나 천사가 어떤 존재이며, 우리의 삶 가운데 어떻게 역사하고 있는지에 대해 이해하기 위하여 먼저 천사에 대한 몇 가지 중요한 진리를 인정해야 한다.

천사는 피조물이다

첫째, 천사의 기원은 어디이며, 그들은 항상 존재하는가? 성경은 천사를 하나님 자신에 의해서 창조된 영적 존재의 한 부류라고 말씀하고 있다. 구약의 말씀이 이 사실을 증명하고 있다.

> 그의 모든 천사여 찬양하며 모든 군대여 그를 찬양할지어다 그것들이 여호와의 이름을 찬양함은 그가 명령하시므로 지음을 받았음이로다(시 148:2, 5)

신약에서도 우리는 동일한 말씀을 발견할 수 있다.

> 만물이 그로 말미암아 지은 바 되었으니 지은 것이 하나도 그가 없이는 된 것이 없느니라(요 1:3)

> 만물이 그에게서 창조되되 하늘과 땅에서 보이는 것들과 보이지 않는 것들과 혹은 왕권들이나 주권들이나 통치자들이나 권세들이나 만물이 다 그로 말미암고 그를 위하여 창조되었고(골 1:16)

천사를 포함하여 하나님이 창조하지 않은 것은 하나도 없다. 성경에는 언제 천사가 창조되었는지 정확하게 기록되지는 않았지만, 하나님이 천지를 창조할 때 이미 존재하고 있었으며 창조 과정에서 그 존재가 드러났다. 하나님이 욥에게 하신 말씀을 보자.

> 내가 땅의 기초를 놓을 때에 네가 어디 있었느냐 네가 깨달아 알았거든 말할지니라 누가 그것의 도량법을 정하였는지 누가 그 줄을 그것의 위에 띄웠는지 네가 아느냐 그것의 주추는 무엇 위에 세웠으며 그 모퉁잇돌을 누가 놓았느냐 그 때에 새벽 별들이 기뻐 노래하며 하나님의 아들들이 다 기뻐 소리를 질렀느니라
>
> (욥 38:4-7)

천사는 하나님이 아니다

둘째, 오늘날 많은 사람은 천사를 신으로 생각하며 삶 속에서 그들의 인도함을 받고자 갈망한다. 나는 '당신' 의 천사를 만나는 방법을 확실하게 알려준다고 선전하는 서적들을 보았다. 스스로를 천사 전문가라고 자부하면서 사람들에게 자기 천사를 사랑하면서 건강, 치유, 번영, 보호를 간구하라고 말하는 사람들이 있다.

이러한 가르침은 하나님의 말씀과 상반되는 것이다. 천사는 하나님이 아니며, 우리의 영적 인도자도 아니다. 그들은

아스피린처럼 우리 마음대로 이용할 대상이 아니며, 우리의 소원을 이루기 위하여 부를 수 있는 요정도 아니다. 천사는 마법이나 주문을 반복적으로 외워서 언제든지 불러낼 수 있는 존재가 아니다. 천사는 우리의 소유물이 아니라 하나님의 종이다. 천사들은 우리의 명령이나 요구가 아니라 하나님의 목소리에 귀 기울인다.

> 능력이 있어 여호와의 말씀을 행하며 그의 말씀의 소리를 듣는 여호와의 천사들이여 여호와를 송축하라 그에게 수종들며 그의 뜻을 행하는 모든 천군이여 여호와를 송축하라(시 103:20-21)

우리를 보호하고 구원해 달라고 천사에게 기도하거나 요구하지 말아야 한다. 우리는 오로지 하나님께만 기도해야 한다. 당신이 천사에게 기도한다면 영적 미혹에 빠질 수 있다. 특히 믿음이 연약하거나 하나님을 가까이하지 않는 신자는 더욱 위험하다. 당신이 천사의 모양을 지닌 존재나 천사라고 주장하는 존재와 이야기한다면 아마 당신은 광명의 천사로 가장한 영적 존재와 대화하는 것이다(고린도후서 11장 14절을 보라).

당신이 예수님과 대화한다면 결코 잘못되는 일이 없을 것이다. 하나님께 보호와 구원을 간구할 때 하나님은 당신을 돕기 위해 천사를 사용하신다. 그러나 확실히 알아야 하는 것은 하나님이 그의 천사를 사용하시더라도 하나님만이 당신을 구원하신다는 사실이다.

우리의 믿음의 대상은 천사가 아니라 하나님이시다. 성경은 천사가 아니라 하나님 한 분만을 사랑하라고 말씀하신다.

> 예수께서 이르시되 네 마음을 다하고 목숨을 다하고 뜻을 다하여 주 너의 하나님을 사랑하라 하셨으니(마 22:37)

우리는 모든 관심과 중심과 영광을 그의 종이 아니라 하나님께 드려야 한다. 하나님이 친히 "나는 여호와이니 이는 내 이름이라 나는 내 영광을 다른 자에게, 내 찬송을 우상에게 주지 아니하리라(사 42:8)"라고 말씀하셨다.

천사가 위대하다 하더라도 그를 경배해서는 안 된다. 거짓 선생들은 당신을 하나님의 진리에서 멀어지도록 유인하여 천사를 경배하도록 유혹하려고 한다. 성경은 이것을 주의하라고 말씀하고 있다.

> 아무도 꾸며낸 겸손과 천사 숭배를 이유로 너희를 정죄하지 못하게 하라 그가 그 본 것에 의지하여 그 육신의 생각을 따라 헛되이 과장하고 머리를 붙들지 아니하는지라 온 몸이 머리로 말미암아 마디와 힘줄로 공급함을 받고 연합하여 하나님이 자라게 하시므

로 자라느니라(골 2:18-19)

우리는 천사를 존경하고, 하나님에 대한 헌신에 감탄하며, 하나님과 우리를 위한 그의 사역을 인정한다. 그러나 천사를 경배하는 것은 금물이다. 내가 실제로 천사들을 만나면서 깨달은 것 하나는 하나님의 거룩한 천사들은 자신을 위해 관심을 끌려고 하지 않는다는 것이다. 그들은 항상 조용히 일하며, 가끔은 자신을 감추기도 하고 일을 마친 후에는 조용히 물러선다. 그들의 삶과 행동은 항상 그리스도의 인격과 일치하며, 하나님께만 영광을 드린다. 그러므로 하나님의 진실한 천사는 인간의 경배를 거부하면서 항상 하나님께만 경배하라고 말한다. 요한계시록 19장에 사도 요한은 자신이 천사를 만났을 때 두려워하며 '그 발 앞에 엎드려 경배' 하려고 했던 것을 기록하고 있다. 천사는 사도 요한에게 다음과 같이 말씀하셨다.

내가 그 발 앞에 엎드려 경배하려 하니 그가 나에게 말하기를 나는 너와 및 예수의 증언을 받은 네 형제들과 같이 된 종이니 삼가 그리하지 말고 오직 하나님께 경배하라 예수의 증언은 예언의 영이라 하더라(계 19:10)

그리고 요한계시록 22장에 사도 요한은 천사에게 경배하는 것에 대하여 다음과 같이 기록하였다.

> 이것들을 보고 들은 자는 나 요한이니 내가 듣고 볼 때에 이 일을 내게 보이던 천사의 발 앞에 경배하려고 엎드렸더니 그가 내게 말하기를 나는 너와 네 형제 선지자들과 또 이 두루마리의 말을 지키는 자들과 함께 된 종이니 그리하지 말고 하나님께 경배하라 하더라(계 22:8-9)

천사는 하나님을 섬기면서 따르는 종이며 인간과 함께 하나님을 경배하는 자이다. 요한은 천국에 대한 환상에서 모든 천사가 보좌에 앉으신 하나님께 영광과 존귀와 찬양을 드리는 것을 보았다.

> 내가 또 들으니 하늘 위에와 땅 위에와 땅 아래와 바다 위에와 또 그 가운데 모든 피조물이 이르되 보좌에 앉으신 이와 어린 양에게 찬송과 존귀와 영광과 권능을 세세토록 돌릴지어다 하니(계 5:13)

> 모든 천사가 보좌와 장로들과 네 생물의 주위에 서 있다가 보좌 앞에 엎드려 얼굴을 대고 하나님께 경배하여 이르되 아멘 찬송과 영광과 지혜와 감사와 존귀와 권능과 힘이 우리 하나님께 세세토록 있을지어다 아멘 하더라(계 7:11-12)

사도 요한은 천사들이 하나님을 찬송하고 높이는 소리를 다음과 같이 기록하고 있다.

> 네 생물은 각각 여섯 날개를 가졌고 그 안과 주위에는 눈들이 가득하더라 그들이 밤낮 쉬지 않고 이르기를 거룩하다 거룩하다 거룩하다 주 하나님 곧 전능하신 이여 전에도 계셨고 이제도 계시고 장차 오실 이시라 하고(계 4:8)

그는 24 장로가 엎드려 경배하고 자기 관을 보좌 앞에 드리는 것을 보았다.

> 그 생물들이 보좌에 앉으사 세세토록 살아 계시는 이에게 영광과 존귀와 감사를 돌릴 때에 이십사 장로들이 보좌에 앉으신 이 앞에 엎드려 세세토록 살아 계시는 이에게 경배하고 자기의 관을 보좌 앞에 드리며 이르되(계 4:9-10)

그리고 천사들이 "우리 주 하나님이여 영광과 존귀와 권능을 받으시는 것이 합당하오니 주께서 만물을 지으신지라 만물이 주의 뜻대로 있었고 또 지으심을 받았나이다 하더라(계 4:11)"라고 부르는 찬양 소리를 들었다.

이사야 선지자는 이사야 6장에서 환상 가운데 나타난 스랍들이 끊임없이 찬양하는 소리를 "거룩하다 거룩하다 거룩하다 만군의 여호와여 그의 영광이 온 땅에 충만하도다 하더라(사 6:3)"라고 기록하고 있다.

내가 하늘의 환상 가운데서 본 모든 천사는 하나님을 경배하는 것을 자신이 원하는 최상의 행동으로 여기는 것 같았다. 천사들은 항상 하나님을 경배하며, 하나님을 찬양하기를 멈추지 않는다. 그들은 하나님 앞에 엎드려 경배하며, 하나님의 명령을 수행하며, 하나님의 뜻에 순종한다.

누가 우리에게 다른 사람이나 피조물을 경배하라고 설득하더라도 우리는 그렇게 하지 말아야 한다. 우리의 경배와 찬양을 받으실 분은 오직 하나님 한 분이 아닌가! 하나님은 그의 자녀를 결코 홀로 두시지 않는다. 천사가 우리를 돕는 것은 하나님이 우리와 함께 계시다는 것을 우리에게 보여주시고자 하는 하나님의 방법 중 하나이다.

예수님은 천사가 아니라 창조자이시다

셋째, 예수님을 천사와 동일한 지위나 더 낮은 데 놓는 사람들이 있다. 아마 이들은 히브리서 2장 9절의 성경 말씀을 읽은 후에 이와 같은 결론을 얻은 것 같다.

> 오직 우리가 천사들보다 잠시 동안 못하게 하심을 입은 자 곧 죽음의 고난 받으심으로 말미암아 영광과 존귀로 관을 쓰신 예수를 보니 이를 행하심은 하나님의 은혜로 말미암아 모든 사람을 위하여 죽음을 맛보려 하심이라(히 2:9)

위의 성경 구절은 히브리서 기자가 위대한 가치와 존엄성을 지닌 하나님의 피조물인 인간에 대하여 말씀하신 시편 8편 4-5절의 말씀을 인용한 것이다.

> 사람이 무엇이기에 주께서 그를 생각하시며 인자가 무엇이기에 주께서 그를 돌보시나이까 그를 하나님보다 조금 못하게 하시고 영화와 존귀로 관을 씌우셨나이다(시 8:4-5)

예수님은 이 땅에 사람으로 오셨으나, 그는 완전한 인간이며 완전한 하나님이시다. 그는 자원하여 그의 신성의 영광을 버렸으나 실제로는 하나님이시다.

> 그는 근본 하나님의 본체시나 하나님과 동등됨을 취할 것으로 여기지 아니하시고 오히려 자기를 비워 종의 형체를 가지사 사람들과 같이 되셨고 사람의 모양으로 나타나사 자기를 낮추시고 죽기까지 복종하셨으니 곧 십자가에 죽으심이라(빌 2:6-8)

그리스도는 우리를 구원하시기 위하여 우리를 대신하여 육체를 입으신 인간이 되심으로 '천사보다 낮은' 자리에 있게 되었으나 그의 영광은 회복되었다.

> 이러므로 하나님이 그를 지극히 높여 모든 이름 위에 뛰어난 이름을 주사 하늘에 있는 자들과 땅에 있는 자들과 땅 아래에 있는 자들로 모든 무릎을 예수의 이름에 꿇게 하시고 모든 입으로 예수 그리스도를 주라 시인하여 하나님 아버지께 영광을 돌리게 하셨느니라(빌 2:9-11)

> 그의 능력이 그리스도 안에서 역사하시 죽은 자들 가운데서 다시 살리시고 하늘에서 자기의 오른편에 앉히사 모든 통치와 권세와 능력과 주권과 이 세상뿐 아니라 오는 세상에 일컫는 모든 이름 위에 뛰어나게 하시고 또 만물을 그의 발 아래에 복종하게 하시고 그를 만물 위에 교회의 머리로 삼으셨느니라 교회는 그의 몸이니 만물 안에서 만물을 충만하게 하시는 이의 충만함이니라
>
> (엡 1:20-23)

베드로전서 3장 21-22절에 "물은 예수 그리스도께서 부활하심으로 말미암아 이제 너희를 구원하는 표니 곧 세례라 이는 육체의 더러운 것을 제하여 버림이 아니요 하나님을 향한 선한 양심의 간구니라 그는 하늘에 오르사 하나님 우편에 계

시니 천사들과 권세들과 능력들이 그에게 복종하느니라"라는 말씀이 기록되어 있다.

그리스도는 모든 천사 보다 항상 뛰어나고 위대하지 아니한가! 히브리서에는 하나님은 예수님을 "그가 천사보다 훨씬 뛰어남은 그들보다 더욱 아름다운 이름을 기업으로 얻으심이니(히 1:4)"라고 말씀하고 있다.

> 하나님께서 어느 때에 천사 중 누구에게 너는 내 아들이라 오늘 내가 너를 낳았다 하셨으며 또 다시 나는 그에게 아버지가 되고 그는 내게 아들이 되리라 하셨느냐 또 그가 맏아들을 이끌어 세상에 다시 들어오게 하실 때에 하나님의 모든 천사들은 그에게 경배할지어다 말씀하시며 또 천사들에 관하여는 그는 그의 천사들을 바람으로, 그의 사역자들을 불꽃으로 삼으시느니라 하셨으되 아들에 관하여는 하나님이여 주의 보좌는 영영하며 주의 나라의 규는 공평한 규이니이다 어느 때에 천사 중 누구에게 내가 네 원수로 네 발등상이 되게 하기까지 너는 내 우편에 앉아 있으라 하셨느냐(히 1:5-8, 13)

누구도 예수님이 천사와 같거나 더 못하다고 말해서는 안 된다. 예수 그리스도는 모든 천사 위에 계신 주님이시며, 모든 천사는 하나님이신 그분을 경배해야 한다.

천사는 인간과 다른 차원에 있다

넷째, 인간이 죽은 후에 천사가 된다고 생각하는 경향이 있다. 그러나 천사는 인간과 완전히 구별되는 존재이다. 인간이 지상에 있든 천국에 있든 여전히 인간이며, 천사는 영원히 천사이다. 그리스도에 속한 사람들은 죽은 후 즉시 그리스도께로 간다. 인간은 예수님이 재림할 때 영광과 부활의 몸이 되지만, 천사로 변화되는 것은 아니다.

베드로는 베드로후서 2장 11절에서 천사를 인간보다 '더 큰 힘과 능력을 지닌 자' 로 말한다. 하나님의 말씀으로 천사는 인간보다 먼저 창조되었지만, 하나님과 인간 위치 사이에 존재한다. 빌리 그래함은 그의 베스트셀러 'Angels' 에서 하나님의 대행자에 대하여 다음과 같이 말하고 있다.

"천사들은 창조에 있어서 독특한 차원에 속한다. 인간은 자연의 질서에 구속을 받고 있지만… 하나님은 천사에게 인간보다 우월한 지식, 능력, 이동성을 주셨다. 그들은 하나님의 전달자로 이 세상에서 하나님의 명령을 수행하는 중요한 사역을 담당하고 있다. 하나님은 그들에게 전권대사의 책임을 부여했으며, 거룩한 대리자로 임명하고 권한을 주셨다."

천사들은 영적 지식, 능력, 이동성 면에서 인간보다 우월하게 창조되었다. 하나님의 거룩한 천사들은 결코 하나님에 대하여 죄를 범하지 않는다. 우리는 이 세상에 있는 동안

"이 사망의 몸(롬 7:24)" 에서 완전히 자유로울 수 없다. 이것은 사도 바울이 인간은 자신이 지닌 죄 성으로 인하여 천사와 동일한 도덕적 선을 이룰 수 없다는 것을 말하고자 한 것이다. 우리는 항상 죄 가운데 있으며, 때때로 하나님의 뜻을 거역한다. 천사들은 항상 하나님과 함께 하면서 하나님을 위하여 일하기 때문에 죄를 범하지 않는다. 이런 점에서 천사는 우리보다 '우월' 하다.

천사가 우리보다 우월하다는 것을 인정한다고 우리가 비천해지는 것은 아니다. 다윗왕은 인간의 존귀와 영광을 깨달았다.

> 그를 하나님보다 조금 못하게 하시고 영화와 존귀로 관을 씌우셨나이다 주의 손으로 만드신 것을 다스리게 하시고 만물을 그의 발아래 두셨으니(시 8:5-6)

이것은 세상 가운데 사는 기독교인들에게 얼마나 아름답고 중요한 말씀인가! 신약에서 히브리서 저자는 히브리서 2장 7-8절에서 시편의 말씀을 인용하였다.

> 그를 잠시 동안 천사보다 못하게 하시며 영광과 존귀로 관을 씌우시며 만물을 그 발 아래에 복종하게 하셨느니라 하였으니 만물로 그에게 복종하게 하셨은즉 복종하지 않은 것이 하나도 없어야 하

겠으나 지금 우리가 만물이 아직 그에게 복종하고 있는 것을 보지 못하고(히 2:7-8)

영광과 존귀로 관을 쓴 인간을 보자. 인간이 하나님의 형상으로 창조되었기 때문에 영광과 존귀의 관을 쓸 수 있는 것이다.

하나님이 자기 형상 곧 하나님의 형상대로 사람을 창조하시되 남자와 여자를 창조하시고(창 1:27)

성경은 천사가 우리처럼 하나님의 형상으로 창조되었다고 말씀하지 않는다. 우리가 하나님의 형상으로 창조되었기에 하나님에게 소중한 존재이다. 또한, 인간은 하나님이 창조하신 세상의 모든 것을 다스리는 권한을 받았다. 하나님은 인간에게 세상을 이끌어가고 발전시킬 수 있는 권한을 부여함으로써 인간을 존귀한 위치에 놓으셨다.

더 나아가 하나님께 있어서 우리가 얼마나 소중한 존재이기에 그의 아들을 이 땅에 보내시어 죽게 하셨는가! 하나님은 타락하고 자신을 배반한 천사를 위해서는 이렇게 하지 않으셨다. 히브리서 2장 16절에 "이는 확실히 천사들을 붙들어 주려 하심이 아니요 오직 아브라함의 자손을 붙들어 주려 하심이라"라고 기록되어 있다. 인간이 타락하였을 때 하나님은 우리를 용서해 주시고 다시 하나님께 돌아올 수 있는 길을 주셨다. 우리는 예수 그리스도의 보혈로 구원을 얻었다. 이로 말미암아 하나님과 함께할 수 있도록 인간이 존귀한 위치에 올려진 것이다.

> …만일 하나님이 우리를 위하시면 누가 우리를 대적하리요 자기 아들을 아끼지 아니하시고 우리 모든 사람을 위하여 내주신 이가 어찌 그 아들과 함께 모든 것을 우리에게 주시지 아니하겠느냐
>
> (롬 8:31-32)

우리가 그리스도의 의를 지닐 수 있는 것은 오직 그리스도께서 우리를 구원해 주셨기 때문이 아닌가!

> 너희는 하나님으로부터 나서 그리스도 예수 안에 있고 예수는 하나님으로부터 나와서 우리에게 지혜와 의로움과 거룩함과 구원함이 되셨으니(고전 1:30)

바울은 그리스도께서 다시 오실 때 기독교인들이 누릴 영광을 다음과 같이 기록하였다.

> 생각하건대 현재의 고난은 장차 우리에게 나타날 영광과 비교할 수 없도다 또 미리 정하신 그들을 또한 부르시고 부르신 그들을

또한 의롭다 하시고 의롭다 하신 그들을 또한 영화롭게 하셨느니라(롬 8:18, 30)

그때에 우리는 모두 천사보다 높아지고 천사들을 판단할 것이다. 성경에는 "우리가 천사를 판단할 것을 너희가 알지 못하느냐(고전 6:3)"라고 기록되어 있다.

하나님을 배반한 천사들

다섯째, 대부분의 사람은 모든 천사가 선한 일을 한다고 생각한다. 그러나 하나님의 천사 중에 하나님을 배반하고 이로 인하여 심판을 받을 자가 있다. 마지막 날에 이들은 영원한 멸망에 들어갈 것이다.

만약에 하나님의 거룩하심과 동일하게 모든 천사가 거룩하게 창조되었다면 어떤 일이 일어날 것인가? 성경은 루시퍼나 악마로 언급되고 있는 사탄이 하나님을 배반하여 천국에서 추방되었다고 말씀하고 있다.

에스겔은 타락 전에 있었던 천사들을 "너는 기름 부음을 받고 지키는 그룹임이여 내가 너를 세우매 네가 하나님의 성산에 있어서 불타는 돌들 사이에 왕래하였도다(겔 28:14)"라고 분명히 칭송하고 있다. 사탄은 스랍으로 알려진 특별한 천사 그룹에 속하였던 것처럼 보이는데, 그들은 교만한 마음으로 인하여 타락하였다.

> 인자야 두로 왕을 위하여 슬픈 노래를 지어 그에게 이르기를 주 여호와의 말씀에 너는 완전한 도장이었고 지혜가 충족하며 온전히 아름다웠도다 네가 옛적에 하나님의 동산 에덴에 있어서 각종 보석 곧 홍보석과 황보석과 금강석과 황옥과 홍마노와 창옥과 청보석과 남보석과 홍옥과 황금으로 단장하였음이여 네가 지음을 받던 날에 너를 위하여 소고와 비파가 준비되었도다 너는 기름 부음을 받고 지키는 그룹임이여 내가 너를 세우매 네가 하나님의 성산에 있어서 불타는 돌들 사이에 왕래하였도다 네가 지음을 받던 날로부터 네 모든 길에 완전하더니 마침내 네게서 불의가 드러났도다 네 무역이 많으므로 네 가운데에 강포가 가득하여 네가 범죄하였도다 너 지키는 그룹아 그러므로 내가 너를 더럽게 여겨 하나님의 산에서 쫓아냈고 불타는 돌들 사이에서 멸하였도다 네가 아름다우므로 마음이 교만하였으며 네가 영화로우므로 네 지혜를 더럽혔음이여 내가 너를 땅에 던져 왕들 앞에 두어 그들의 구경거리가 되게 하였도다 네가 죄악이 많고 무역이 불의하므로 네 모든 성소를 더럽혔음이여 내가 네 가운데에서 불을 내어 너를 사르게 하고 너를 보고 있는 모든 자 앞에서 너를 땅 위에 재가 되게 하였도다(겔 28:12-18)

이사야서 말씀은 천사가 교만으로 인하여 타락한 사탄이 된 것을 다시 보여주고 있다.

> 너 아침의 아들 계명성이여 어찌 그리 하늘에서 떨어졌으며 너 열국을 엎은 자여 어찌 그리 땅에 찍혔는고 네가 네 마음에 이르기를 내가 하늘에 올라 하나님의 뭇 별 위에 내 자리를 높이리라 내가 북극 집회의 산 위에 앉으리라 가장 높은 구름에 올라가 지극히 높은 이와 같아지리라 하는도다 그러나 이제 네가 스올 곧 구덩이 맨 밑에 떨어짐을 당하리로다(사 14:12-15)

하나님을 배반하고 사탄을 추종한 다른 천사들은 하늘에서 누렸던 거룩한 지위를 상실했다. 많은 사람은 요한계시록을 통하여 하늘의 천사들의 3분의 1이 하나님을 배반한 것으로 믿는다.

> 하늘에 또 다른 이적이 보이니 보라 한 큰 붉은 용이 있어 머리가 일곱이요 뿔이 열이라 그 여러 머리에 일곱 왕관이 있는데 그 꼬리가 하늘의 별 삼분의 일을 끌어다가 땅에 던지더라 용이 해산하려는 여자 앞에서 그가 해산하면 그 아이를 삼키고자 하더니 하늘에 전쟁이 있으니 미가엘과 그의 사자들이 용과 더불어 싸울새 용과 그의 사자들도 싸우나 이기지 못하여 다시 하늘에서 그들이 있을 곳을 얻지 못한지라 큰 용이 내쫓기니 옛 뱀 곧 마귀라고도 하

고 사탄이라고도 하며 온 천하를 꾀는 자라 그가 땅으로 내쫓기니 그의 사자들도 그와 함께 내쫓기니라(계 12:3-4, 7-9)

성경은 타락한 천사들이 지옥으로 추방되어 마지막 날에 있을 심판을 기다리고 있다고 말씀한다.

하나님이 범죄한 천사들을 용서하지 아니하시고 지옥에 던져 어두운 구덩이에 두어 심판 때까지 지키게 하셨으며(벧후 2:4)

또 자기 지위를 지키지 아니하고 자기 처소를 떠난 천사들을 큰 날의 심판까지 영원한 결박으로 흑암에 가두셨으며(유 1:6)

성경은 천사들이 죄를 범하여 지옥으로 떨어졌다고 하더라도, 계속하여 하나님과 그의 백성을 대적하고 있다는 엄연한 현실을 보여주고 있다.

우리의 씨름은 혈과 육을 상대하는 것이 아니요 통치자들과 권세들과 이 어둠의 세상 주관자들과 하늘에 있는 악의 영들을 상대함이라(엡 6:12)

사탄은 타락한 천사들의 우두머리로 예수님은 이러한 악마에 대하여 "도둑이 오는 것은 도둑질하고 죽이고 멸망시키려는 것뿐이요(요 10:10)"라고 지적하고 있다. 사탄은 하나님과 하나님의 백성을 극도로 저주한다. 세상의 모든 죄는 루시퍼의 범죄에 기인한 것이다. 사탄은 하나님을 저주하고 그의 권위를 뺏으려는 욕망을 가지고 피조물과 인간을 유혹하였다. 이로 인하여 인간은 하나님을 배반하여 타락하게 되었다(창세기 3장을 보라).

인간은 타락하게 되었고, 루시퍼는 자신이 승리하였다고 생각하였다. 사탄은 하나님이 인간을 구원하시기 위하여 예수를 이 땅에 보내실 것을 결코 생각하지 못했다. 지금 사탄은 인간을 복음의 진리, 즉 그리스도 안에 있는 믿음을 통하여 구원받고 자유함을 얻을 수 있다는 말씀에 눈멀게 하고, 하나님을 떠난 영혼을 어둠에 가두는 일을 하고 있다. 사탄은 하나님처럼 경배를 받으려고 자신을 높이고자 하나님을 배반한 것이다. 지금도 사탄은 자신을 높이기 위하여 안간힘을 쓰고 있다.

사실 나는 사탄과 타락한 천사들이 우리의 문화에 악한 영향을 미치고 있다고 믿는다. 성경은 사탄이 사람을 유혹하는 것을 "이것은 이상한 일이 아니니라 사탄도 자기를 광명의 천사로 가장하나니(고후 11:14)"라고 말씀하고 있다. 사탄은 하나님보다는 자신과 악한 영들을 경배하도록 우리를 유혹한다. 그는 인간이 경배하는 경향성을 가지고 창조된 것을 안다. 인간은 진리이신 살아계신 하나님을 경배하든지 사탄과 그의 악한 세력들을 경배하든지 선택을 해야 한다. 하나님을 알지 못하는 사람들은 의식적이든 무의식적이든 사탄을 섬기는 것이다.

사탄은 사람들을 거짓 빛으로 유혹하고자 한다. 당신의 원수는 당신을 유혹하려고 당신 앞에 엎드려 있으며, 진리에 대하여 혼란스럽게 만든다. 당신이 유혹에 넘어지면 당신의 마음과 심령은 사탄의 공격을 받게 된다. 따라서 많은 사람이 영적인 것에 관심을 갖고 있는 현 세대에 있어서, 사탄이 역사하는 때를 지각하고 선한 천사와 악한 천사를 구별하는 방법을 아는 것은 매우 중요하다.

어떻게 영들을 구별할 수 있는가?

하나님께로부터 온 거룩한 천사를 구별할 수 있는 확실한 방법은 무엇인가? 성경은 그들이 진정 믿을만한 존재인가를 영적으로 분별하라고 말씀하고 있다.

> 사랑하는 자들아 영을 다 믿지 말고 오직 영들이 하나님께 속하였나 분별하라 많은 거짓 선지자가 세상에 나왔음이라 이로써 너희가 하나님의 영을 알지니 곧 예수 그리스도께서 육체로 오신 것을 시인하는 영마다 하나님께 속한 것이요 예수를 시인하지 아니하

는 영마다 하나님께 속한 것이 아니니 이것이 곧 적그리스도의 영이니라 오리라 한 말을 너희가 들었거니와 지금 벌써 세상에 있느니라(요일 4:1-3)

당신이 하나님의 말씀을 지속적으로 읽고 묵상한다면, 하나님의 거룩한 천사와 사탄의 미혹하는 천사들을 구별할 수 있다. 하나님으로부터 온 천사인지 아닌지를 구별하는 기준은 구주 예수와 그분이 인간을 구원하시기 위하여 보좌를 버리시고 사람으로 이 땅에 오시어 십자가 위에서 구속의 피를 흘리신 것을 말하는가에 달렸다. 영적 존재가 구주 예수의 신성, 인성, 구속을 부정하는 말을 한다면, 우리는 하나님을 대적하는 영으로 간주해야 한다. 또한, 성경 이외의 말을 전하고 예수보다 자신에게 관심을 갖게 하려는 것도 사람을 미혹하려는 악한 영들의 일이다.

자신을 천사라고 주장하면서 하나님의 말씀과 다르거나 적대 되는 것을 말하는 자의 배후에는 지옥에서 온 악한 영이 있다는 사실을 알 수 있다. 사탄이 광야에서 예수를 유혹할 때 성경 말씀을 왜곡하였던 것(누가복음 4장 1-13절을 보라)과, 오늘날에도 사람들을 미혹하기 위하여 성경 말씀을 교묘하게 조작하고 있다는 사실을 기억하자. 성경 말씀이 잘못 인용되는 것을 구별하기 위하여 하나님의 말씀을 배우고 연구하는 것이 필요하다.

타락한 천사들은 사탄의 명령을 따르는 데 반하여, 의의 천사들은 하나님의 뜻에 따라 열심히 일하고 선을 행한다. 하나님의 거룩한 천사들은 끊임없이 하나님께 영광을 드린다. 그들은 예수 그리스도가 우리를 원수의 속박에서 구원하시려고 이 땅에 오신 것을 인정한다. 천사들은 예수와 그의 구속사역에 초점을 맞추고 있으며, 모든 사역과 행동은 하나님의 역사와 뜻을 강조한다.

사탄의 유혹과 악에 대한 우리의 절대적 보호자

주 예수 그리스도는 우리를 대적의 유혹과 악에서 절대적으로 보호해 주신다. 사탄과 그를 추종한 천사들의 마지막 운명은 영원히 타오르는 불 속에서 지내는 것이다. 예수는 이 일에 대하여 "마귀와 그 사자들을 위하여 예비된 영원한 불에 들어가라(마 25:41)"라고 말씀하셨다. 사탄은 당신과 당신의 친구들을 지옥으로 데려가는 일을 즐긴다. 당신에게 이러한 일이 일어나지 않도록 예수께 간구하라! 주 예수 그리스도를 믿고 그를 구주로 영접하라. 당신은 대적에게 유혹되지 않도록 천사에 대하여 공부하고, 예수의 이름으로 하나님 아버지께 간구하며, 그의 인도와 보호하심을 구해야 한다.

하나님이신 예수님은 피조물인 사탄과 악한 영들과 비교

할 수 없는 능력을 갖고 있다. 더 나아가 우리를 대신하여 희생제물이 되신 그리스도를 믿을 때, 우리는 그리스도 안에서 평안을 누릴 수 있다. 로마서 8장 38-39절을 보자.

> 내가 확신하노니 사망이나 생명이나 천사들이나 권세자들이나 현재 일이나 장래 일이나 능력이나 높음이나 깊음이나 다른 어떤 피조물이라도 우리를 우리 주 그리스도 예수 안에 있는 하나님의 사랑에서 끊을 수 없으리라(롬 8:38-39)

예수님이 잡혀서 십자가를 지실 때, 자신을 도울 수만 명의 천사를 부를 수 있었다.

> 너는 내가 내 아버지께 구하여 지금 열두 군단 더 되는 천사를 보내시게 할 수 없는 줄로 아느냐(마 26:53)

로마시대에 한 군단은 기병과 지원단을 포함하여 3천 명 내지 1만 2천 명의 군인으로 구성되었다. 예수님은 그때에 적들을 멸망시킬 수 있었지만, 우리를 대신하여 친히 십자가를 지셨다. 예수님의 죽음과 부활로 우리는 하나님과 화목한 관계를 회복할 수 있었다. 예수님은 우리 죄를 대신하여 엄청난 대가를 지불하였으며, 우리는 그 안에서 새 생명을 얻었다.

나는 전심으로 기도하던 어느 날 그리스도께서 십자가에 못 박히셨던 날에 대한 계시를 보았다. 로마 군인들이 큰 못으로 그의 손을 십자가에 못 박는 것을 보았을 때 나의 가슴은 찢어졌다. 피가 흘러내려 그의 전신을 덮은 모습을 보았다. 나는 예수님이 처참하게 매 맞을 때 그를 위로하고 그를 돕기 위하여 무엇인가 하고 싶었다.

잔인한 행위자들은 예수님을 학대하고 모욕하였다. 예수님이 눈을 들어 그들을 보자 그들은 물러났다. 잠시 후에 그들은 예수님을 십자가에 못 박는 일을 계속하였다. 나는 구주를 십자가에 달아 올리는 그들을 보았다. 얼마나 끔찍하고 슬픈 일인가! 나는 이 장엄한 계시 앞에 소리치며 울었다. 나는 십자가 주변에 있던 사람들이 볼 수 없었던 수천 명의 천사를 확실하게 보았다. 천사는 그릇으로 예수가 흘리신 피를 받아서 천국으로 옮겨 속죄의 자리에 놓고 있었다. 거룩하게 속죄소에 정기적으로 동물의 피를 뿌리는 구약의 속죄제(레위기 16장 14-16절을 보라)같이, 예수님의 피는 천국의 속죄소에 뿌려졌다. 그러나 구약의 희생제물은 그리스도의 희생제물의 모형에 불과하다. 그의 보혈만이 단 한번으로 모든 사람의 죄를 대신할 수 있다.

천사들은 예수의 보혈을 속죄소로 옮기면서 슬피 울었다. 그들이 옮긴 소중한 보화는 그리스도의 놀라운 희생임을 보여준다. 나는 두려움에 울부짖기 시작하였고 그 후에 어떠한 광경도 볼 수 없었다. 나와 당신을 위해 예수님이 지불하신 놀라운 희생에 압도되었다. 예수님이 자신의 생명을 희생할 때 참을 수 없는 고통을 겪었다. 나는 이 계시를 통하여 우리를 지옥 불에서 구하기 위하여 예수님이 기꺼이 자신의 생명을 내어주시고 모든 사람의 무거운 짐을 짊어지신 이유를 깨닫게 되었다. 오! 그분이 당신과 나를 위해 하신 일이 아닌가!

나는 당신이 예수님을 영접하고 그의 위대한 희생을 믿기를 권면한다. 예수님을 아직 믿지 못하고 있다면 성경을 읽고 그분에 대하여 배워야 한다. 하나님의 진리의 말씀인 성경은 당신이 하나님 나라에 들어가기 위해서 새 생명으로 거듭나야 함을 말씀하고 있다.

> 예수께서 대답하여 이르시되 진실로 진실로 네게 이르노니 사람이 거듭나지 아니하면 하나님의 나라를 볼 수 없느니라(요 3:3)

당신의 죄는 예수님이 십자가에 흘리신 속죄의 보혈로 씻음 받았다. 자신이 죄인이라고 생각하는 자도 예수님께로 오면 완전히 용서받을 수 있다. 당신은 이렇게 기도할 수 있다.

"예수님, 나는 당신이 하나님 아들이시며 나의 구주이심을 믿습니다. 저에게 새 생명을 주시려고 십자가에 죽으시고 부활하신 예수님을 믿습니다. 제가 정결한 모습을 갖도록 당신의 정결케 하는 보혈로 나를 씻어 주소서. 당신을 위하여 살 수 있도록 성령으로 충만케 하시옵소서. 당신을 사랑하며 나의 생명을 당신께 드립니다. 아멘."

당신이 진심으로 기도하였다면, 하나님이 당신을 완전히 씻어주시고 용서해 주신 것으로 믿어도 된다. 예수님은 우리가 하나님 안에서 살면서 그의 말씀에 복종하고 헌신할 수 있도록 성령을 선물로 주셨다. 당신은 하나님의 자녀가 되었으며 그의 천사들이 당신을 보호할 것이다.

천사의 사역

하나님 백성의 생활 속에서 역사하는 천사들의 활동은 성경이 기록될 당시뿐 아니라 오늘날에도 이루어지고 있다. 히브리서 1장 14절에 "모든 천사들은 섬기는 영으로서 구원받을 상속자들을 위하여 섬기라고 보내심이 아니냐"라고 기록되어 있다.

예수님은 천사들이 그의 백성의 생활 속에 함께 하고 있다는 것을 "삼가 이 작은 자 중의 하나도 업신여기지 말라 너희에게 말하노니 그들의 천사들이 하늘에서 하늘에 계신 내 아버지의 얼굴을 항상 뵈옵느니라(마 18:10)"라는 말씀으로 확인시켜 주고 있다.

시편 91편 9-12절은 천사가 우리를 위하여 일하고 있다는 사실에 대하여 확신을 갖게 한다.

> 네가 말하기를 여호와는 나의 피난처시라 하고 지존자를 너의 거처로 삼았으므로 화가 네게 미치지 못하며 재앙이 네 장막에 가까이 오지 못하리니 그가 너를 위하여 그의 천사들을 명령하사 네 모든 길에서 너를 지키게 하심이라 그들이 그들의 손으로 너를 붙들어 발이 돌에 부딪히지 아니하게 하리로다(시 91:9-12)

하나님은 자기를 사랑하고 순종하는 자기 권속들을 돕고 보호하기 위하여 거룩한 천사를 보내주셨다. 천사들은 하나님의 자녀 한 사람 한 사람을 위해서 일한다. 당신이 어려움에 직면할 때 천사가 나타나는 것은 당연한 일이다. 우리는 하나님의 사자요 군사인 천사가 함께하는 환경 속에서 살아가고 있다. 그들은 우리를 지원하고 도우며 이끌어 간다.

나는 이러한 특별한 사자들을 '삶 속에 있는 천사' 라고 부른다. 그들은 위대하신 하나님의 능력을 소유한 자이며, 하나님과 인간 사이의 중재를 맡아 인간이 하나님의 뜻에 따라서 살아갈 수 있도록 돕는다. 하나님은 천사를 나에게 보내어 내가 사역 중에 주안에서 사람들을 격려하는데 헌신할 수 있도록 능력을 주셨다. 다양한 목회 속에서 그의 천사를 통하여 하나님이 나에게 행하셨던 많은 아름다운 일을 경험했다. 사람들의 무거운 짐을 덜어주시고 삶의 변화를 주신 하나님을 보는 것은 큰 기쁨이다.

내가 그리스도에 대한 계시를 받을 때 천사들이 그분을 항상 에워싸고 있는 모습을 본다. 하나님이 나를 그의 종으로 불러 주시고, 천사의 초자연적 역사를 볼 수 있도록 허락하신 것은 너무나도 감사한 일이다. 당신이 천사에 대하여 믿음이 없는 사람을 만난다면, 예수님이 세상에 계실 때 있었던 동일한 상황을 돌아보게 하라.

> 이는 사두개인은 부활도 없고 천사도 없고 영도 없다 하고 바리새인은 다 있다 함이라(행 23:8)

하나님이 냉담하고 세속적이라고 믿는 사람들은 세상에서 냉담하고 세속적으로 살아간다. 그들은 "하나님은 영이시니 예배하는 자가 영과 진리로 예배할지니라(요 4:24)"라는 말씀을 깨닫지 못하고 있다. 또한, 선한 천사와 악한 천사가 활동하고 있는 강하고 역동적인 영적 세계 속에서 살아가는 것을 알지 못한다.

하나님이 방문하는 때

우리는 항상 삶 가운데에서 나타나고 있는 하나님의 영광에 시선을 두어야 한다. 이때가 하나님이 자신을 드러내고 주님이 우리를 방문하는 때이다. 나는 주 예수 그리스도의 재림이 가까이 올수록 이 땅에서 이루어지고 있는 천사의 눈에 보이는 사역이 점점 증가할 것이라고 믿는다. 나는 하나님으로부터 받은 계시를 기록한 사람들을 인정한다. 나는 하나님이 그의 아들 예수 그리스도의 승리와 통치를 위하여 우주적인 사건을 준비하시는 것을 믿는다.

또한, 하나님은 사탄이 필사적으로 달려들지만 실패할 수밖에 없는 구주의 재림을 막기 위하여 세상에 일으킬 환난과 혼란에 대비하여 그의 백성을 준비시키고 있는 것을 믿는다. 하나님이 모든 것이 불확실하고 세상이 요동치며 삶에 대한 통제가 어려운 이 시대에, 그의 백성을 보호하고 격려하는 최고의 책임을 맡은 헌신적인 많은 천사를 거느리고 있다는 사실은 우리에게 큰 위로가 된다. 예수님은 위대하신 자존자이시며, 우리의 하나님은 좋으신 하나님이시다. 그분은 우리를 향한 자기의 사랑과 보호가 얼마나 위대한가를 알기 원하신다. 거룩한 천사들이 우리와 함께 하고, 우리가 항상 사랑 안에서 인내하며 하나님을 경배할 수 있도록 주님께 기도하자.

내가 속히 오리니 네가 가진 것을 굳게 잡아 아무도 네 면류관을 빼앗지 못하게 하라 이기는 자는 내 하나님 성전에 기둥이 되게 하리니 그가 결코 다시 나가지 아니하리라 내가 하나님의 이름과 하나님의 성 곧 하늘에서 내 하나님께로부터 내려오는 새 예루살렘의 이름과 나의 새 이름을 그이 위에 기록하리라(계 3:11-12)

3
천사의 형상

오늘날 천사는 영리하고 귀엽게 보이는 토실토실 살찐, 통통한 작은 큐핏으로 묘사되고 있으나, 이것은 성경에서 보여주는 진정한 천사의 모습이 아니다. 성경에서 천사를 본 사람들은 천사의 위엄에 놀라고 압도되었다.

하나님의 말씀은 천사의 본질, 수효, 모습을 뚜렷하게 제시하고 있다. 하나님이 나에게 주신 환상과 계시 가운데에서 천사들의 특성을 분명하게 볼 수 있었다.

천사의 본질

천사들은 자신의 존재와 사역을 잘 나타내주는 특성을 지닌 독특한 피조물이다.

천사는 영적 존재이다

첫째, 천사는 영적 존재로서 살과 피가 없다. 하나님은 "그의 천사들을 바람으로, 그의 사역자들을 불꽃으로" 삼으셨다(시 104:4, 히 1:7). 우리는 영적 존재인 천사의 특성을 알아야 한다.

영은 불멸한다

영은 죽지 않고 영원히 살아있는 불멸의 특성을 지닌다. 예수님은 영의 불멸에 대하여 다음과 같이 말씀하셨다.

> 저 세상과 및 죽은 자 가운데서 부활함을 얻기에 합당히 여김을 받은 자들은 장가 가고 시집 가는 일이 없으며 그들은 다시 죽을 수도 없나니 이는 천사와 동등이요 부활의 자녀로서 하나님의 자녀임이라(눅 20:35-36)

영은 물리적 제한을 받지 않는다

천사들은 인간처럼 물리적 제한을 받지 않는다. 그들은 시간과 공간의 제약을 받지 않으며 출몰이 자유로운 존재이다(행 5:17-23, 12:5-11).

영은 성을 가지지 않는다

가끔 남성이나 여성의 특성을 지닌 천사들을 생각하기도 하고, 인간의 모습으로 나타나기도 하지만, 천사들은 결혼하지 않고 아기 천사도 없다는 면에서 성을 가지지 않는다.

> 부활 때에는 장가도 아니 가고 시집도 아니 가고 하늘에 있는 천사들과 같으니라(마 22:30)

천사들은 거룩하다

둘째, 성경은 천사들을 거룩한 존재라고 말한다.

> 인자가 자기 영광으로 모든 천사와 함께 올 때에 자기 영광의 보좌에 앉으리니(마 25:31)

> 누구든지 이 음란하고 죄 많은 세대에서 나와 내 말을 부끄러워하면 인자도 아버지의 영광으로 거룩한 천사들과 함께 올 때에 그 사람을 부끄러워하리라(막 8:38)

그들이 대답하되 백부장 고넬료는 의인이요 하나님을 경외하는 사람이라 유대 온 족속이 칭찬하더니 그가 거룩한 천사의 지시를 받아 당신을 그 집으로 청하여 말을 들으려 하느니라 한대

(행 10:22)

또 다른 천사 곧 셋째가 그 뒤를 따라 큰 음성으로 이르되 만일 누구든지 짐승과 그의 우상에게 경배하고 이마에나 손에 표를 받으면 그도 하나님의 진노의 포도주를 마시리니 그 진노의 잔에 섞인 것이 없이 부은 포도주라 거룩한 천사들 앞과 어린 양 앞에서 불과 유황으로 고난을 받으리니(계 14:9-10)

거룩한 하나님을 섬기려면, 천사들은 거룩해야 한다. 이사야는 하나님의 거룩함을 찬양하지 않을 수 없는 스랍들의 모습을 다음과 같이 기록하고 있다.

웃시야 왕이 죽던 해에 내가 본즉 주께서 높이 들린 보좌에 앉으셨는데 그의 옷자락은 성전에 가득하였고 스랍들이 모시고 섰는데 각기 여섯 날개가 있어 그 둘로는 자기의 얼굴을 가리었고 그 둘로는 자기의 발을 가리었고 그 둘로는 날며 서로 불러 이르되 거룩하다 거룩하다 거룩하다 만군의 여호와여 그의 영광이 온 땅에 충만하도다 하더라(사 6:1-3)

천사들은 선택받은 존재이다

셋째, 성경은 천사들을 '택함' 받은 존재로 기록하고 있다. 바울은 디모데전서 5장 21절에 "하나님과 그리스도 예수와 택하심을 받은 천사들 앞에서 내가 엄히 명하노니 너는 편견이 없이 이것들을 지켜 아무 일도 불공평하게 하지 말며"라고 기록하고 있다. 바울이 천사에 대하여 완벽하게 설명한 것은 아니지만, 천사의 거룩성과 영원성을 언급한 것으로 볼 수 있다. 예레미야는 그의 저서 'What the Bible Says about Angels' 에서 다음과 같이 기록하고 있다.

"하나님의 천사들은 '택함' 받은 천사들(딤전 5:21)로 천국에서 영원히 살도록 선택받았다. 기독교인들 역시 '택함(딤후 2:10)' 받은 존재들이다. '그의 택하신 자들을 하늘 이 끝에서 저 끝까지 사방에서 모으기 위하여(마 24:31)' 보냄을 받을 천사들도 영원한 생명을 위해 선택받았다. 우리와 천사들은 하나님의 왕국에서 영원히 시민권을 공유할 것이다.

딕카슨은 사탄의 배반에 빠지지 않은 선한 천사들만이 거룩한 지위에 남아 있다고 말한다. 우리가 영원한 나라에 들어가지 못하는 것처럼 천사들도 죄에 대하여 무능하다. 그러나 우리는 우리 죄를 깨끗하게 씻어준 그리스도의 보혈로 인하여 천국에 갈 수 있다."

허버트 락이어는 'All the Angles of the Bible' 에서 다음과 같이 기록하였다.

"넓은 의미에서 선택받은 천사들은 천사들이 타락할 때 자신의 순수성을 지키고 하나님께 복종한 자라고 볼 수 있다. 그들은 '자기 지위를 지킨' 자들로서 '자기 처소를 떠나지(유 1:6)' 않았다."

천사는 지적이지만 전지한 존재는 아니다

마지막으로 성경은 천사들이 지적이며 지혜롭고, 효과적으로 하나님의 명령을 수행하는 것으로 기록하고 있다. 바울도 천사의 말에 대하여 언급하고 있다(고린도전서 13장 1절을 보라). 천사들이 우리보다 영적 세계에 대하여 더 많은 것을 알고 있다고 하더라도, 그들은 하나님처럼 전지자가 아니다. 그들이 전지한 자라고 성경은 결코 말하지 않는다.

> 그러나 그 날과 그 때는 아무도 모르나니 하늘의 천사들도, 아들도 모르고 오직 아버지만 아시느니라(마 24:36)

> 이 섬긴 바가 자기를 위한 것이 아니요 너희를 위한 것임이 계시로 알게 되었으니 이것은 하늘로부터 보내신 성령을 힘입어 복음을 전하는 자들로 이제 너희에게 알린 것이요 천사들도 살펴 보기

를 원하는 것이니라(벧전 1:12)

천사들은 하나님이 보여주고 허락하신 것만을 안다. 성경에서 천사들은 하나님이 그의 백성 안에서 그리고 그의 백성을 통하여 하신 일을 봄으로써만 상황을 알 수 있다고 말하고 있지 않은가! 사도 바울은 하나님이 그의 거룩한 천사들에게 사건을 보여주기 위하여 교회를 어떻게 사용하고 계시는가를 기록하였다.

내가 생각하건대 하나님이 사도인 우리를 죽이기로 작정된 자 같이 끄트머리에 두셨으매 우리는 세계 곧 천사와 사람에게 구경거리가 되었노라(고전 4:9)

이는 이제 교회로 말미암아 하늘에 있는 통치자들과 권세들에게 하나님의 각종 지혜를 알게 하려 하심이니(엡 3:10)

나는 예수님이 세상을 구원하시기 위하여 인간으로서 세상에 오셨을 때 천사들은 놀랐을 것이라고 믿는다. 천사들이 예수님의 고통과 십자가에서의 잔혹한 죽음 그리고 인간의 고통을 담당하시는 것을 보고서 크게 당황했다는 생각이 든다. 하나님의 백성이 전도를 위해 함께 나아가고 성령이 그들을 치료하고 구원하고 억압에서 자유롭게 할 때, 천사들은 이러한 하나님의 신비로운 은혜에 크게 놀랐을 것이다.

천사들은 인간보다 나은 능력을 지니고 있지만 전능자가 아니다

사도 베드로는 "인간보다 더 큰 힘과 능력을 가진 천사들(벧후 2:11)"을 말하고 있다. 사도 바울은 천사를 '능력있는 자'로 언급하였다.

> 너희로 환난을 받게 하는 자들에게는 환난으로 갚으시고 환난을 받는 너희에게는 우리와 함께 안식으로 갚으시는 것이 하나님의 공의시니 주 예수께서 자기의 능력의 천사들과 함께 하늘로부터 불꽃 가운데에 나타나실 때에(살후 1:6-7)

천사들은 하나님의 뜻과 명령을 수행하기 위하여 하나님으로부터 강한 힘과 능력을 부여받았다. 그러나 그들이 하나님처럼 전능하지는 않다. 그들은 무한한 능력과 권위를 갖고 있지 않고 오직 하나님이 주신 정도만 소유하고 있다.

하나님의 백성을 대신하여 일하며 하나님의 전쟁에서 싸우는 천사를 묘사하기 위해 성경에는 천사의 강한 능력이 여러 번 기록되어 있다.

여호와께서 모세에게 이르시되 너는 네가 애굽 땅에서 인도하여 낸 백성과 함께 여기를 떠나서 내가 아브라함과 이삭과 야곱에게 맹세하여 네 자손에게 주기로 한 그 땅으로 올라가라 내가 사자를 너보다 앞서 보내어 가나안 사람과 아모리 사람과 헷 사람과 브리스 사람과 히위 사람과 여부스 사람을 쫓아내고(출 33:1-2)

이에 여호와께서 그 아침부터 정하신 때까지 전염병을 이스라엘에게 내리시니 단에서부터 브엘세바까지 백성의 죽은 자가 칠만 명이라 천사가 예루살렘을 향하여 그의 손을 들어 멸하려 하더니 여호와께서 이 재앙 내리심을 뉘우치사 백성을 멸하는 천사에게 이르시되 족하다 이제는 네 손을 거두라 하시니 여호와의 사자가 여부스 사람 아라우나의 타작 마당 곁에 있는지라

(삼하 24:15-16)

이 밤에 여호와의 사자가 나와서 앗수르 진영에서 군사 십팔만 오천 명을 친지라 아침에 일찍이 일어나 보니 다 송장이 되었더라

(왕하 19:35)

다니엘이 왕에게 아뢰되 왕이여 원하건대 왕은 만수무강 하옵소서 나의 하나님이 이미 그의 천사를 보내어 사자들의 입을 봉하셨으므로 사자들이 나를 상해하지 못하였사오니 이는 나의 무죄함이 그 앞에 명백함이오며 또 왕이여 나는 왕에게도 해를 끼치지

아니하였나이다 하니라(단 6:21-22)

그가 큰 나팔소리와 함께 천사들을 보내리니 그들이 그의 택하신 자들을 하늘 이 끝에서 저 끝까지 사방에서 모으리라(마 24:31)

이 일 후에 내가 네 천사가 땅 네 모퉁이에 선 것을 보니 땅의 사방의 바람을 붙잡아 바람으로 하여금 땅에나 바다에나 각종 나무에 불지 못하게 하더라 또 보매 다른 천사가 살아 계신 하나님의 인을 가지고 해 돋는 데로부터 올라와서 땅과 바다를 해롭게 할 권세를 받은 네 천사를 향하여 큰 소리로 외쳐(계 7:1-2)

네 천사가 놓였으니 그들은 그 년 월 일 시에 이르러 사람 삼분의 일을 죽이기로 준비된 자들이더라(계 9:15)

너는 내가 내 아버지께 구하여 지금 열두 군단 더 되는 천사를 보내시게 할 수 없는 줄로 아느냐(마 26:53)

내가 보니 왕좌가 놓이고 옛적부터 항상 계신 이가 좌정하셨는데 그의 옷은 희기가 눈 같고 그의 머리털은 깨끗한 양의 털 같고 그의 보좌는 불꽃이요 그의 바퀴는 타오르는 불이며(단 7:9)

불이 강처럼 흘러 그의 앞에서 나오며 그를 섬기는 자는 천천이요 그 앞에서 모셔 선 자는 만만이며 심판을 베푸는데 책들이 펴 놓였더라(단 7:10)

내가 또 보고 들으매 보좌와 생물들과 장로들을 둘러 선 많은 천사의 음성이 있으니 그 수가 만만이요 천천이라(계 5:11)

천사의 숫자

천사의 숫자는 얼마나 될까? 성경은 천사에 대한 숫자에 대하여 다양하게 언급하고 있다. 마태복음 26장 53절에 기록된 "너는 내가 내 아버지께 구하여 지금 열두 군단 더 되는 천사를 보내시게 할 수 없는 줄로 아느냐"라는 말씀 중에 예수님은 '천사 군단'을 언급하셨다. 로마시대에 한 군단은 기병과 지원단을 포함하여 3천 명 내지 1만 2천 명의 군인으로 구성되었다. 따라서 예수님은 그를 돕기 위하여 움직일 수 있는 천사 수만 명이 준비되어 있다고 말씀하셨다.

다니엘은 왕좌에 앉으신 하나님, "옛적부터 항상 계신 이(단 7:9)"의 환상을 보았다. 다니엘은 "그를 섬기는 자는 천천이요 그 앞에서 모셔 선 자는 만만(단 7:10)"이라고 말한다. 1억보다 큰 숫자가 아닌가! 그러나 모든 천사가 언급된 것 같지는 않다. 왜냐하면 요한은 요한계시록 5장 11절에 하나님의 보좌에 둘러선 천사들과 장로들을 보면서 "그 수가 만만이요 천천이라"라고 기록하고 있다. 다시 말해서 천사의 숫자는 1억 명 이상이다. 히브리서 저자는 '천만천사(innumerable company of angels)'를 언급하고 있다. 셀 수 없을 만큼 많은 천사가 있단 말인가!

천사의 숫자가 엄청나다고 우리가 아는 다른 이유 중 하나는 천사들이 '주님의 군대'로 언급되었기 때문이다. 사실, 구약에서 하나님이 '만군의 주' 또는 '만군의 하나님'으로 수없이(약 285번) 언급되어 있다. 신약에서는 예수님이 탄생하였을 때 하나님을 찬송하는 천사들을 '수많은 천군(눅 2:13)'이라고 불렀다.

'hosts' 또는 'host'로 번역된 히브리어와 헬라어는 전쟁을 위하여 특별히 조직하여 준비한 군대를 말한다. 만군의 하나님을 언급한 성경 말씀을 보자.

> 서원하여 이르되 만군의 여호와여 만일 주의 여종의 고통을 돌보시고 나를 기억하사 주의 여종을 잊지 아니하시고 주의 여종에게 아들을 주시면 내가 그의 평생에 그를 여호와께 드리고 삭도를 그의 머리에 대지 아니하겠나이다(삼상 1:11)

다윗이 블레셋 사람에게 이르되 너는 칼과 창과 단창으로 내게 나아 오거니와 나는 만군의 여호와의 이름 곧 네가 모욕하는 이스라엘 군대의 하나님의 이름으로 네게 나아가노라(삼상 17:45)

미가야가 이르되 그런즉 왕은 여호와의 말씀을 들으소서 내가 보니 여호와께서 그의 보좌에 앉으셨고 하늘의 만군이 그의 좌우편에 모시고 서 있는데(왕상 22:19)

여호와 만군의 하나님이여 주와 같이 능력 있는 이가 누구리이까…(시 89:8)

능력이 있어 여호와의 말씀을 행하며 그의 말씀의 소리를 듣는 여호와의 천사들이여 여호와를 송축하라 그에게 수종들며 그의 뜻을 행하는 모든 천군이여 여호와를 송축하라(시 103:20-21)

여호와께서 이같이 내게 이르시되 큰 사자나 젊은 사자가 자기의 먹이를 움키고 으르렁거릴 때에 그것을 치려고 여러 목자를 불러왔다 할지라도 그것이 그들의 소리로 말미암아 놀라지 아니할 것이요 그들의 떠듦으로 말미암아 굴복하지 아니할 것이라 이와 같이 나 만군의 여호와가 강림하여 시온 산과 그 언덕에서 싸울 것이라(사 31:4)

그룹 사이에 계신 이스라엘 하나님 만군의 여호와여 주는 천하 만국에 유일하신 하나님이시라 주께서 천지를 만드셨나이다

(사 37:16)

만군의 여호와가 이같이 말하노라 조금 있으면 내가 하늘과 땅과 바다와 육지를 진동시킬 것이요 또한 모든 나라를 진동시킬 것이며 모든 나라의 보배가 이르리니 내가 이 성전에 영광이 충만하게 하리라 만군의 여호와의 말이니라(학 2:6-7)

하나님은 그의 강한 천군을 통하여 자기 백성을 구원하신다. 하늘에는 하나님을 모시고 경배하며, 하나님의 명령을 수행하는 수많은 천군이 있다.

성경에 나타난 천사들의 모양

하나님의 천사들은 어떤 모양일까? 천사들은 창조자이신 하나님의 영광을 반영하는 아름답고 은혜로운 형상을 지닌 자로 선택받았다. 천사들이 하나님의 말씀과 목표를 이루려고 할 때 인간의 눈에 보이지 않는 것이 보통이지만 때때로 천사가 우리에게 나타난다. 천사가 영적 존재라고 하더라도 하나님의 뜻을 수행할 때 다양한 인간의 모습을 취한다. 인

간이 타락한 후에 하나님이 생명나무의 길을 지키기 위하여 불칼과 함께 그룹들을 에덴동산에 두셨을 때부터 인간들은 천사를 보았다(창세기 3장 24절을 보라).

성경에서는 천사들이 연무나 안개의 형태로 사람들에게 나타나지 않는다. 가끔 천사들은 빛나고 놀라운 모습이거나, 이상하고 초능력적 존재로서 나타나며 어떤 때에는 사람으로 나타난다.

이러한 모습들은 천사들이 수행하는 기능과 역할에 따른 것처럼 보인다. 천사들은 앉아 있기도 하고 서 있기도 한다(사사기 6장 11절, 마태복음 28장 1-2절, 요한복음 20장 12절, 창세기 18장 2절, 이사야 6장 2절, 누가복음 24장 4절을 보라).

천사들은 주의 천사들을 만난 삼손 부모의 경우처럼 그들을 본 사람들에게 두려움을 불어넣는 것 같다.

> 이에 그 여인이 가서 그의 남편에게 말하여 이르되 하나님의 사람이 내게 오셨는데 그의 모습이 하나님의 사자의 용모 같아서 심히 두려우므로 어디서부터 왔는지를 내가 묻지 못하였고 그도 자기 이름을 내게 이르지 아니하였으며 불꽃이 제단에서부터 하늘로 올라가는 동시에 여호와의 사자가 제단 불꽃에 휩싸여 올라간지라 마노아와 그의 아내가 그것을 보고 그들의 얼굴을 땅에 대고 엎드리니라(삿 13:6, 20)

빛나고 찬란한 외모

성경에서 천사가 빛나고 찬란한 빛으로 나타날 때, 그들은 하나님의 영광을 드러내는 것이다. 예를 들면, 목자들에게 예수의 탄생을 알린 천사는 하나님의 영광을 수반한다. "주의 사자가 곁에 서고 주의 영광이 그들을 두루 비추매 크게 무서워하는지라(눅 2:9)" 죽은 자 가운에서 살아나신 예수의 부활을 알리기 위하여 예수의 빈 무덤에 나타난 두 천사는 '찬란한 옷(눅 24:4)' 을 입었다.

헤롯이 초대 교회를 박해하고 사도 베드로를 옥에 가두었을 때, "주의 사자가 나타나매 옥중에 광채가 빛나며(행 12:7)", 베드로는 천사에 의해 자유를 얻었다.

요한은 요한계시록 18장 1절에 "이 일 후에 다른 천사가 하늘에서 내려 오는 것을 보니 큰 권세를 가졌는데 그의 영광으로 땅이 환하여지더라"라고 기록하고 있다. 하나님은 그의 천사를 통하여 그의 영광을 선포하고 드러낸다.

이상한 모양이나 형상

가끔 천사들이 이상한 모양이나 생소한 형상으로 성경에 나타난다. 에스겔이 환상 중에 보았던 '네 생물' 에 대한 기록이 여기에 해당한다. 그는 후에 이들이 스랍임을 알게 되었다.

내가 보니 북쪽에서부터 폭풍과 큰 구름이 오는데 그 속에서 불이 번쩍번쩍하여 빛이 그 사방에 비치며 그 불 가운데 단 쇠 같은 것이 나타나 보이고 그 속에서 네 생물의 형상이 나타나는데 그들의 모양이 이러하니 그들에게 사람의 형상이 있더라 그들에게 각각 네 얼굴과 네 날개가 있고 그들의 다리는 곧은 다리요 그들의 발바닥은 송아지 발바닥 같고 광낸 구리 같이 빛나며 그 사방 날개 밑에는 각각 사람의 손이 있더라 그 네 생물의 얼굴과 날개가 이러하니 날개는 다 서로 연하였으며 갈 때에는 돌이키지 아니하고 일제히 앞으로 곧게 행하며 그 얼굴들의 모양은 넷의 앞은 사람의 얼굴이요 넷의 오른쪽은 사자의 얼굴이요 넷의 왼쪽은 소의 얼굴이요 넷의 뒤는 독수리의 얼굴이니 그 얼굴은 그러하며 그 날개는 들어 펴서 각기 둘씩 서로 연하였고 또 둘은 몸을 가렸으며 또 생물들의 모양은 타는 숯불과 횃불 모양 같은데 그 불이 그 생물 사이에서 오르락내리락 하며 그 불은 광채가 있고 그 가운데에서는 번개가 나며 그 생물들은 번개 모양 같이 왕래하더라

(겔 1:4-11, 13-14)

에스겔 40장 3절에서 에스겔은 '모양이 놋 같이 빛나는' 천사를 만났으며, 이사야 6장 2절에서 이사야는 여섯 날개 달린 스랍을 기록하였다. 열왕기하 6장 17절에는 천사가 엘리사를 둘러싸고 있는 불말과 불병거를 거느린 군대로 나타났다.

다니엘은 천사에 대한 다음과 같은 환상을 보았다.

> 첫째 달 이십사일에 내가 힛데겔이라 하는 큰 강 가에 있었는데 그 때에 내가 눈을 들어 바라본즉 한 사람이 세마포 옷을 입었고 허리에는 우바스 순금 띠를 띠었더라 또 그의 몸은 황옥 같고 그의 얼굴은 번갯빛 같고 그의 눈은 횃불 같고 그의 팔과 발은 빛난 놋과 같고 그의 말소리는 무리의 소리와 같더라(단 10:4-6)

요한은 그가 받은 계시에서 본 천사를 다음과 같이 묘사하고 있다.

> 내가 또 보니 힘 센 다른 천사가 구름을 입고 하늘에서 내려오는데 그 머리 위에 무지개가 있고 그 얼굴은 해 같고 그 발은 불기둥 같으며 그 손에는 펴 놓인 작은 두루마리를 들고 그 오른 발은 바다를 밟고 왼 발은 땅을 밟고 사자가 부르짖는 것 같이 큰 소리로 외치니 그가 외칠 때에 일곱 우레가 그 소리를 내어 말하더라
>
> (계 10:1-3)

인간의 모습

천사들이 사람의 모습으로 세상 사람들에게 나타난 경우가 많다. 예를 들어 창세기 18장에서 천사가 아브라함에게 소돔과 고모라의 멸망을 이야기할 때, 남자의 모습을 지닌

천사들이 주님과 동행했다.

> 여호와께서 마므레의 상수리나무들이 있는 곳에서 아브라함에게 나타나시니라 날이 뜨거울 때에 그가 장막 문에 앉아 있다가 눈을 들어 본즉 사람 셋이 맞은편에 서 있는지라 그가 그들을 보자 곧 장막 문에서 달려나가 영접하며 몸을 땅에 굽혀 이르되 내 주여 내가 주께 은혜를 입었사오면 원하건대 종을 떠나 지나가지 마시옵고 그 사람들이 거기서 일어나서 소돔으로 향하고 아브라함은 그들을 전송하러 함께 나가니라 여호와께서 이르시되 내가 하려는 것을 아브라함에게 숨기겠느냐 아브라함은 강대한 나라가 되고 천하 만민은 그로 말미암아 복을 받게 될 것이 아니냐 여호와께서 또 이르시되 소돔과 고모라에 대한 부르짖음이 크고 그 죄악이 심히 무거우니 내가 이제 내려가서 그 모든 행한 것이 과연 내게 들린 부르짖음과 같은지 그렇지 않은지 내가 보고 알려 하노라 그 사람들이 거기서 떠나 소돔으로 향하여 가고 아브라함은 여호와 앞에 그대로 섰더니(창 18:1-3, 16-18, 20-22)

아브라함을 방문한 천사들이 롯과 그의 가족을 구하러 왔을 때 처음에는 사람처럼 보였다(창세기 19장 1-29절을 보라).

에스겔에게 환상 중에 나타나 하나님의 심판을 부르짖는 천사들은 사람의 모습이었다.

또 그가 큰 소리로 내 귀에 외쳐 이르시되 이 성읍을 관할하는 자들이 각기 죽이는 무기를 손에 들고 나아오게 하라 하시더라 내가 보니 여섯 사람이 북향한 윗문 길로부터 오는데 각 사람의 손에 죽이는 무기를 잡았고 그 중의 한 사람은 가는 베 옷을 입고 허리에 서기관의 먹 그릇을 찼더라 그들이 들어와서 놋 제단 곁에 서더라(겔 9:1-2)

다니엘은 처음으로 '사람의 모양' 을 지닌 가브리엘 천사와의 만남을 말하고 있다.

나 다니엘이 이 환상을 보고 그 뜻을 알고자 할 때에 사람 모양 같은 것이 내 앞에 섰고 내가 들은즉 을래 강 두 언덕 사이에서 사람의 목소리가 있어 외쳐 이르되 가브리엘아 이 환상을 이 사람에게 깨닫게 하라 하더니 그가 내가 선 곳으로 나왔는데 그가 나올 때에 내가 두려워서 얼굴을 땅에 대고 엎드리매 그가 내게 이르되 인자야 깨달아 알라 이 환상은 정한 때 끝에 관한 것이니라

(단 8:15-17)

천사가 인간의 모습으로 나타날 때 주로 남자의 모습을 지니지만, 예외적인 경우도 있다. 성경은 여자의 모습을 지닌 두 천사에 대하여 말하고 있다. 그들의 지위는 성경에서 언급되어 있지 않지만, 학의 날개 같은 날개가 있고 그 날개

에 바람이 있었다. 천사들은 장엄한 방법으로 임무를 수행하였으며, 에바를 천지 사이에 들어 올렸다.

> 내게 말하던 천사가 나아와서 내게 이르되 너는 눈을 들어 나오는 이것이 무엇인가 보라 하기로 내가 묻되 이것이 무엇이니이까 하니 그가 이르되 나오는 이것이 에바이니라 하시고 또 이르되 온 땅에서 그들의 모양이 이러하니라 이 에바 가운데에는 한 여인이 앉았느니라 하니 그 때에 둥근 납 한 조각이 들리더라 그가 이르되 이는 악이라 하고 그 여인을 에바 속으로 던져 넣고 납 조각을 에바 아귀 위에 던져 덮더라 내가 또 눈을 들어 본즉 두 여인이 나오는데 학의 날개 같은 날개가 있고 그 날개에 바람이 있더라 그들이 그 에바를 천지 사이에 들었기로 내가 내게 말하는 천사에게 묻되 그들이 에바를 어디로 옮겨 가나이까 하니 그가 내게 이르되 그들이 시날 땅으로 가서 그것을 위하여 집을 지으려 함이니라 준공되면 그것이 제 처소에 머물게 되리라 하더라(슥 5:5-11)

놀라운 영적 특성을 지닌 사람과 같은 모습으로 나타나는 천사들은 그들이 지닌 천사의 본질을 드러내기도 하지만, 항상 그런 것은 아니다. 이방인들을 친절하게 대접하라는 이유는 그들이 사람으로 가장한 천사일 수 있기 때문이다.

> 손님 대접하기를 잊지 말라 이로써 부지중에 천사들을 대접한 이들이 있었느니라(히 13:2)

우리는 천사들을 독특한 특성을 지닌 존재로 인정해야 하지만, 경배할 정도의 존재로 인정해서는 안 된다. 하나님은 우리가 천사를 경배하는 잘못을 범하지 않도록 천사의 출현을 감추는 경우가 있다. 하나님은 우리가 그의 거룩한 천사 앞에서뿐 아니라 하나님이 귀하게 여기는 사람 앞에서도 하나님을 사랑하고 경배하기를 원하신다. 성경은 요한일서 4장 20절에서 간곡하게 부탁하고 있다.

> 누구든지 하나님을 사랑하노라 하고 그 형제를 미워하면 이는 거짓말하는 자니 보는 바 그 형제를 사랑하지 아니하는 자는 보지 못하는 바 하나님을 사랑할 수 없느니라(요일 4:20)

우리와 함께 하는 천사들

성경은 우리와 함께하는 신실한 천사들이 있음을 자세하게 가르치고 있다. 우리가 천사를 보더라도 그들이 어떤 존재인지 알지 못할 때가 있다. 그러나 천사들의 모습을 보면서 그들이 우리와 함께 하고 있음을 믿어야 한다. 천사들은 우리가 절망 가운데에서 그들을 필요로 할 때만 우리 앞에 나타나겠는가? 우리가 성경을 믿는다면, 천사들이 항상 당신과 함께 있음을 받아들여야 한다. 천사들은 이 세상에서 하나님의 뜻을 이루어 가면서 우리를 돕고, 인도하고, 보호해준다. 보이거나 안보이거나 하나님의 천사들은 항상 하나님을 사랑으로 경배하고 영광을 드린다. 우리도 천사와 같이 해야 한다.

나는 다양한 모습을 지닌 천사들을 보았다. 하나님이 나에게 주신 환상과 계시 가운데에서 나에게 보여주신 천사들은 놀라운 피조물들이었다. 그들이 보이고 있는 다양한 모습들은 그들이 받은 임무를 수행하는 것과 완전히 일치하고 있다. 나는 어느 때는 영적 형태의 천사를 보고, 어느 때는 사람의 모습을 지닌 천사를 본다. 천사가 영적 형태로 나타날 때, 인간의 형체를 지닌 투명한 모습으로 보인다. 물리적인 벽은 천사들에게 장애가 되지 않는다. 천사를 둘러싸는 빛들로 인하여 그들의 모습을 명확하게 보지 못하는 때가 자주 있다. 나는 날개를 지닌 천사들이 하나님의 말씀을 성취하기 위하여 영적 천사와 함께 일하는 것도 보았다.

천사에 대하여 내가 가지고 있는 인상은 그들이 항상 하나님의 뜻과 천국을 위하여 일하고 있다는 것이다. 이것은 천사에 대하여 당신이 간직해야 할 중요한 진리이다. 천사가 아무리 훌륭하고 큰 능력을 가지고 있더라도, 우리는 그들이 가장 존귀하신 하나님의 종이라는 사실을 기억해야 한다. 하나님은 영광과 경배를 받으실 유일한 분이다.

PART 2
천사의 역할

4
천사의 유형과 지위체계

모든 천사는 동일한가 아니면 차이점을 가지고 있는가? 성경은 '천사들', '천사장', '그룹', '스랍' 이라고 불리는 거룩한 존재를 포함하고 있는 천사의 영역이 있다고 분명하게 기록하고 있다. 또한, 천사뿐 아니라 사탄에 있어서도 조직의 지위체제가 있다는 것을 보여준다.

예수님은 천사의 조직을 '천사의 군대' 라고 마태복음 26장 53절에서 말씀하고 있다. 내가 앞에서 언급했듯이 군단은 로마 군대의 조직 단위이다. 사도 바울이 '천사장의 소리(살전 4:16)' 를 말한 것은 천사들 사이에 지위체제에 따라 권위와 서열에 차이가 있음을 언급한 것 같다. 주님의 형제 유다도 천사장 미가엘에 대하여 언급하였다.

천사장 미가엘이 모세의 시체에 관하여 마귀와 다투어 변론할 때에 감히 비방하는 판결을 내리지 못하고 다만 말하되 주께서 너를 꾸짖으시기를 원하노라 하였거늘 (유 1:9)

수 세기 동안 교회는 전통적으로 천사의 위계체제 또는 계급을 9단계로 나누어 왔다. 즉, 천사, 대천사, 권품천사, 능품천사, 역품천사, 주품천사, 좌품천사, 지품천사(그룹), 치품천사(스랍) 등으로 구분하였다.

우리는 천사의 서열이 어떻게 만들어졌는지를 바울의 기록에서 부분적으로 볼 수 있다.

내가 확신하노니 사망이나 생명이나 천사들이나 권세자들이나 현재 일이나 장래 일이나 능력이나 높음이나 깊음이나 다른 어떤 피조물이라도 우리를 우리 주 그리스도 예수 안에 있는 하나님의 사랑에서 끊을 수 없으리라(롬 8:38-39)

그의 능력이 그리스도 안에서 역사하사 죽은 자들 가운데서 다시 살리시고 하늘에서 자기의 오른편에 앉히사 모든 통치와 권세와 능력과 주권과 이 세상뿐 아니라 오는 세상에 일컫는 모든 이름 위에 뛰어나게 하시고(엡 1:20-21)

> 영원부터 만물을 창조하신 하나님 속에 감추어졌던 비밀의 경륜이 어떠한 것을 드러내게 하려 하심이라 이는 이제 교회로 말미암아 하늘에 있는 통치자들과 권세들에게 하나님의 각종 지혜를 알게 하려 하심이니(엡 3:9-10)

> 만물이 그에게서 창조되되 하늘과 땅에서 보이는 것들과 보이지 않는 것들과 혹은 왕권들이나 주권들이나 통치자들이나 권세들이나 만물이 다 그로 말미암고 그를 위하여 창조되었고(골 1:16)

교회는 초기 교부시대부터 지금까지 천사의 범주 또는 서열에 대하여 다양한 의견을 가지고 있다. 그러나 성경은 천사의 유형에 차이가 있으며, 하나님의 왕국에서 차지하는 지위가 다르다는 것을 명확하게 보여준다. 그리스도 안에서 성도들 간에 차이가 있는 것 같이 천사들 사이에도 차이가 있다.

> 은사는 여러 가지나 성령은 같고 직분은 여러 가지나 주는 같으며 또 사역은 여러 가지나 모든 것을 모든 사람 가운데서 이루시는 하나님은 같으니(고전 12:4-6)

성경에서 말하는 천사장, 지품천사(그룹), 치품천사(스랍)에 대하여 자세히 살펴보자.

천사장

유대인의 전통에 따르면 미가엘, 가브리엘, 라파엘, 우리엘 등 4명의 천사장이 있다. 그러나 성경에 천사장이라는 단어가 2곳에만 기록되어 있으며, 미가엘이 확실하게 언급된 곳은 한곳이다.

> 주께서 호령과 천사장의 소리와 하나님의 나팔 소리로 친히 하늘로부터 강림하시리니 그리스도 안에서 죽은 자들이 먼저 일어나고 그 후에 우리 살아 남은 자들도 그들과 함께 구름 속으로 끌어올려 공중에서 주를 영접하게 하시리니 그리하여 우리가 항상 주와 함께 있으리라(살전 4:16-17)

> 천사장 미가엘이 모세의 시체에 관하여 마귀와 다투어 변론할 때에 감히 비방하는 판결을 내리지 못하고 다만 말하되 주께서 너를 꾸짖으시기를 원하노라 하였거늘(유 1:9)

미가엘, 천사의 사령관

미가엘은 성경에서 특별하게 천사장이라고 불러진 유일한 천사이다. 성경에 영원히 이름이 기록된 두 천사 중 하나이다. 미가엘은 '하나님과 같은 자'라는 의미를 지니고 있다. 미가엘은 구약과 신약에 모두 나타난다(단 10:13, 10:21,

12:1, 유 1:9, 계 12:7). 그는 항상 악마, 악한 권세자들과 영적 싸움을 하는 것으로 성경에 기록되어 있다. 하늘의 천사인 미가엘은 하나님을 위한 전쟁에서 천사들의 최고 사령관으로 등장한다.

다니엘 10장 13절에서 미가엘은 '가장 높은 군주 중 하나'로 지칭되고 있다. 다니엘이 기도 응답 중에 나타난 천사의 모습을 기록한 10장에서, 천사는 다음과 같은 말을 하였다.

> 그가 내게 이르되 다니엘아 두려워하지 말라 네가 깨달으려 하여 네 하나님 앞에 스스로 겸비하게 하기로 결심하던 첫날부터 네 말이 응답 받았으므로 내가 네 말로 말미암아 왔느니라 그런데 바사 왕국의 군주가 이십일 일 동안 나를 막았으므로 내가 거기 바사 왕국의 왕들과 함께 머물러 있더니 가장 높은 군주 중 하나인 미가엘이 와서 나를 도와 주므로 이제 내가 마지막 날에 네 백성이 당할 일을 네게 깨닫게 하러 왔노라 이는 이 환상이 오랜 후의 일임이라 하더라(단 10:12-14)

우리는 10장 후반부에서 미가엘이 천사들과 함께 서서 바사 왕국의 군주를 대항하고 있는 말씀을 읽을 수 있다.

> 그가 이르되 내가 어찌하여 네게 왔는지 네가 아느냐 이제 내가 돌아가서 바사 군주와 싸우려니와 내가 나간 후에는 헬라의 군주

가 이를 것이라 오직 내가 먼저 진리의 글에 기록된 것으로 네게 보이리라 나를 도와서 그들을 대항할 자는 너희의 군주 미가엘뿐이니라(단 10:20-21)

다니엘 12장 1절에서는 미가엘이 '마지막 날' 에 하나님의 백성을 호위하는 '큰 군주' 로 불린다.

그 때에 네 민족을 호위하는 큰 군주 미가엘이 일어날 것이요 또 환난이 있으리니 이는 개국 이래로 그 때까지 없던 환난일 것이며 그 때에 네 백성 중 책에 기록된 모든 자가 구원을 받을 것이라

(단 12:1)

신약성경에서 유다는 모세가 느보산에서 죽었을 때, 마귀가 와서 그의 시체를 요구하는 사실을 생생하게 기록하고 있다. 이때 천사장 미가엘이 마귀와 대적하면서 주의 이름으로 그를 꾸짖었다.

천사장 미가엘이 모세의 시체에 관하여 마귀와 다투어 변론할 때에 감히 비방하는 판결을 내리지 못하고 다만 말하되 주께서 너를 꾸짖으시기를 원하노라 하였거늘(유 1:9)

요한계시록에는 천사장 미가엘이 사탄과 큰 싸움을 하는 기록이 있다.

> 하늘에 전쟁이 있으니 미가엘과 그의 사자들이 용과 더불어 싸울새 용과 그의 사자들도 싸우나 이기지 못하여 다시 하늘에서 그들이 있을 곳을 얻지 못한지라 큰 용이 내쫓기니 옛 뱀 곧 마귀라고도 하고 사탄이라고도 하며 온 천하를 꾀는 자라 그가 땅으로 내쫓기니 그의 사자들도 그와 함께 내쫓기니라(계 12:7-9)

위대한 천사장 미가엘은 항상 성경에 기록된 사람들로부터 존경과 칭송을 받는다. 우리는 미가엘 천사장을 통하여 하나님을 신뢰하고 복종하는 믿음을 소유하도록 영감을 받았다.

가브리엘, 전령장

가브리엘은 성경에 유일하게 이름이 기록된 또 다른 천사로, 가브리엘 이름의 의미는 '하나님의 사람' 이다. 가브리엘이 천사장이라는 전통적인 주장에도, 성경은 특별하게 이 사실을 말하지 않는다. 그러나 그는 '하나님 앞에 서 있는(눅 1:19)' 매우 중요한 전령 천사로 성경에 그의 역할이 두드러지게 기록되어 있다.

가브리엘은 성경에 4차례 나타나는 데, 그때마다 구주 예수와 마지막 날에 대한 하나님의 목적과 계획을 알리는 임무와 관련되어 있다. 다니엘은 하나님으로부터 두 번째 계시를 받은 후 가브리엘을 만난 것에 대하여 다음과 같이 기록하고 있다.

> 나 다니엘이 이 환상을 보고 그 뜻을 알고자 할 때에 사람 모양 같은 것이 내 앞에 섰고 내가 들은즉 을래 강 두 언덕 사이에서 사람의 목소리가 있어 외쳐 이르되 가브리엘아 이 환상을 이 사람에게 깨닫게 하라 하더니 그가 내가 선 곳으로 나왔는데 그가 나올 때에 내가 두려워서 얼굴을 땅에 대고 엎드리매 그가 내게 이르되 인자야 깨달아 알라 이 환상은 정한 때 끝에 관한 것이니라
>
> (단 8:15-17)

다니엘은 비참한 가운데 자신의 죄와 백성의 죄를 자복하고 이스라엘 백성을 위하여 하나님께 간구할 때 찾아온 가브리엘에 대하여 다음과 같이 말하고 있다.

> 내가 이같이 말하여 기도하며 내 죄와 내 백성 이스라엘의 죄를 자복하고 내 하나님의 거룩한 산을 위하여 내 하나님 여호와 앞에 간구할 때 곧 내가 기도할 때에 이전에 환상 중에 본 그 사람 가브리엘이 빨리 날아서 저녁 제사를 드릴 때 즈음에 내게 이르더니

내게 가르치며 내게 말하여 이르되 다니엘아 내가 이제 네게 지혜와 총명을 주려고 왔느니라 곧 네가 기도를 시작할 즈음에 명령이 내렸으므로 이제 네게 알리러 왔느니라 너는 크게 은총을 입은 자라 그런즉 너는 이 일을 생각하고 그 환상을 깨달을지니라

(단 9:20-23)

가브리엘은 '일흔 이레'의 사건과 그때에 이스라엘이 회복되리라는 것을 다니엘에게 설명하였다. 가브리엘은 이스라엘 백성과 메시아에 대한 하나님의 목적과 계획을 해석해준다(다니엘 9장 24-27절을 보라).

신약성경에는 가브리엘이 늙은 부모에게 세례 요한의 출생을 알리는 사건이 기록되어 있다. 가브리엘은 제사장 사가랴가 성전에서 향을 피우고 있을 때 나타났다.

주의 사자가 그에게 나타나 향단 우편에 선지라 사가랴가 보고 놀라며 무서워하니 천사가 그에게 이르되 사가랴여 무서워하지 말라 너의 간구함이 들린지라 네 아내 엘리사벳이 네게 아들을 낳아주리니 그 이름을 요한이라 하라 이스라엘 자손을 주 곧 그들의 하나님께로 많이 돌아오게 하겠음이라 그가 또 엘리야의 심령과 능력으로 주 앞에 먼저 와서 아버지의 마음을 자식에게 거스르는 자를 의인의 슬기에 돌아오게 하고 주를 위하여 세운 백성을 준비하리라 사가랴가 천사에게 이르되 내가 이것을 어떻게 알리요 내

가 늙고 아내도 나이가 많으니이다 천사가 대답하여 이르되 나는 하나님 앞에 서 있는 가브리엘이라 이 좋은 소식을 전하여 네게 말하라고 보내심을 받았노라(눅 1:11-13, 16-19)

가브리엘은 세례 요한의 경우와 같이 마리아에게 예수 그리스도의 탄생을 알리는 전령자의 역할을 하였다.

여섯째 달에 천사 가브리엘이 하나님의 보내심을 받아 갈릴리 나사렛이란 동네에 가서 다윗의 자손 요셉이라 하는 사람과 약혼한 처녀에게 이르니 그 처녀의 이름은 마리아라 그에게 들어가 이르되 은혜를 받은 자여 평안할지어다 주께서 너와 함께 하시도다 하니 처녀가 그 말을 듣고 놀라 이런 인사가 어찌함인가 생각하매 천사가 이르되 마리아여 무서워하지 말라 네가 하나님께 은혜를 입었느니라 보라 네가 잉태하여 아들을 낳으리니 그 이름을 예수라 하라 그가 큰 자가 되고 지극히 높으신 이의 아들이라 일컬어질 것이요 주 하나님께서 그 조상 다윗의 왕위를 그에게 주시리니 영원히 야곱의 집을 왕으로 다스리실 것이며 그 나라가 무궁하리라(눅 1:26-33)

첫 번째 복음서의 기록자인 마태가 정확하게 가브리엘의 이름을 쓰지는 않았지만, 아마 마리아와의 결혼 계획을 수행하도록 요셉을 설득한 자는 가브리엘일 것이다.

이 일을 생각할 때에 주의 사자가 현몽하여 이르되 다윗의 자손 요셉아 네 아내 마리아 데려오기를 무서워하지 말라 그에게 잉태된 자는 성령으로 된 것이라(마 1:20)

또한, 그리스도의 생명을 보호하려고 요셉에게 나타난 자도 가브리엘일 것이다.

그들이 떠난 후에 주의 사자가 요셉에게 현몽하여 이르되 헤롯이 아기를 찾아 죽이려 하니 일어나 아기와 그의 어머니를 데리고 애굽으로 피하여 내가 네게 이르기까지 거기 있으라 하시니 요셉이 일어나서 밤에 아기와 그의 어머니를 데리고 애굽으로 떠나가 헤롯이 죽기까지 거기 있었으니 이는 주께서 선지자를 통하여 말씀하신 바 애굽으로부터 내 아들을 불렀다 함을 이루려 하심이라
헤롯이 죽은 후에 주의 사자가 애굽에서 요셉에게 현몽하여 이르되 일어나 아기와 그의 어머니를 데리고 이스라엘 땅으로 가라 아기의 목숨을 찾던 자들이 죽었느니라 하시니 요셉이 일어나 아기와 그의 어머니를 데리고 이스라엘 땅으로 들어가니라

(마 2:13-15, 19-21)

가브리엘은 가끔 천상의 나팔 연주자로 기록되어 있다. 이러한 생각은 예수님의 재림에 대한 성경 말씀, "주께서 호령과 천사장의 소리와 하나님의 나팔 소리로 친히 하늘로부

터 강림하시리니 그리스도 안에서 죽은 자들이 먼저 일어나고(살전 4:16)" 에 기인한다.

천사장이 직접 나팔을 분다는 의미라기보다는 메시아의 재림을 세상에 알리기 위하여 나타난다는 것이다.

가브리엘은 하나님 앞에 서 있는 신실한 하나님의 전령자로서 세상을 위한 하나님의 계획에 관하여 중요한 소식을 그의 백성에게 알리는 역할을 한다. 우리는 하나님과 그의 역사에 대한 천사의 존경에 감동하여, 우리 자신의 삶 속에서 역사하시는 하나님을 사랑하고 섬겨야 한다.

지품천사와 치품천사

성경에 두드러지게 기록된 두 종류의 특별한 천사는 지품천사(그룹)와 치품천사(스랍)이다. 이들은 하나님의 계시, 현시와 관계가 있다.

지품천사(그룹)

지품천사 또는 그룹은 오늘날 인기 있는 날개를 가진 작은 아기천사는 결코 아니다. 그들은 강하고 거룩한 존재이다. 그룹이 성경에 처음으로 언급된 것은 아담과 하와가 하나님을 배반함으로 인하여 에덴동산에서 추방당한 것을 기록한 창세기 3장 24절이다.

> 이같이 하나님이 그 사람을 쫓아내시고 에덴 동산 동쪽에 그룹들과 두루 도는 불 칼을 두어 생명 나무의 길을 지키게 하시니라
>
> (창 3:24)

그룹이 어디에서 기원한 이름인지는 알려져 있지 않지만, 이들 천사는 하나님과 밀접한 관계를 지니고 있다. 성경에 7회 기록된 내용을 통하여 우리의 구주가 '그룹들 가운데 거하시는 하나님' 이심을 발견하게 된디(삼상 4:4, 삼하 6:2, 왕하 19:15, 대상 13:6, 시 80:1, 시 99:1, 사 37:16).

사무엘하 22장 11절에서 다윗은 하나님이 자신의 기도에 응답하시고 구하러 오셨을 때, "그룹을 타고 다니심이여 바람 날개를 타고 높이 솟아오르셨도다"라고 기록하고 있다(시편 18:10을 보라).

하나님이 성막 안에서 언약판, 또는 증거판을 만들 계획을 모세에게 말씀하실 때, 두 그룹을 속죄의 피를 뿌릴 속죄소 양 끝에 배치하라고 말씀하셨다.

> 순금으로 속죄소를 만들되 길이는 두 규빗 반, 너비는 한 규빗 반이 되게 하고 금으로 그룹 둘을 속죄소 두 끝에 쳐서 만들되 한 그

룹은 이 끝에, 또 한 그룹은 저 끝에 곧 속죄소 두 끝에 속죄소와 한 덩이로 연결할지며 그룹들은 그 날개를 높이 펴서 그 날개로 속죄소를 덮으며 그 얼굴을 서로 대하여 속죄소를 향하게 하고 속죄소를 궤 위에 얹고 내가 네게 줄 증거판을 궤 속에 넣으라 거기서 내가 너와 만나고 속죄소 위 곧 증거궤 위에 있는 두 그룹 사이에서 내가 이스라엘 자손을 위하여 네게 명령할 모든 일을 네게 이르리라(출 25:17-22)

하나님이 성막 안에서 이들 그룹들 사이에 머물러 있으면서 모세에게 말씀하신 사건이 있다(민수기 7장 89절을 보라). 또한, 성막 휘장을 그룹으로 수놓은 것이 성경에 기록되어 있다(출애굽기 26장 1절, 31절, 36장 8절, 35절을 보라).

솔로몬이 예루살렘에 성전을 건축할 때, 온 성전을 정교하고 우아한 조각과 그룹 상을 장식하였고, 그룹으로 휘장을 수놓았다(열왕기상 6장 22-35절, 7장 29, 36절, 역대하 3장 7절, 10-14절을 보라). 에스겔은 바벨론 탈출할 때 그룹들이 가득한 재건될 성전에 대한 환상을 보았다.

이에 내가 보니 그룹들 머리 위 궁창에 남보석 같은 것이 나타나는데 그들 위에 보좌의 형상이 있는 것 같더라 하나님이 가는 베옷을 입은 사람에게 말씀하여 이르시되 너는 그룹 밑에 있는 바퀴 사이로 들어가 그 속에서 숯불을 두 손에 가득히 움켜 가지고 성읍 위에 흩으라 하시매 그가 내 목전에서 들어가더라 그 사람이 들어갈 때에 그룹들은 성전 오른쪽에 서 있고 구름은 안뜰에 가득하며 여호와의 영광이 그룹에서 올라와 성전 문지방에 이르니 구름이 성전에 가득하며 여호와의 영화로운 광채가 뜰에 가득하였고 그룹들의 날개 소리는 바깥뜰까지 들리는데 전능하신 하나님이 말씀하시는 음성 같더라 하나님이 가는 베 옷을 입은 자에게 명령하시기를 바퀴 사이 곧 그룹들 사이에서 불을 가져 가라 하셨으므로 그가 들어가 바퀴 옆에 서매 그 그룹이 그룹들 사이에서 손을 내밀어 그 그룹들 사이에 있는 불을 집어 가는 베 옷을 입은 자의 손에 주매 그가 받아 가지고 나가는데 그룹들의 날개 밑에 사람의 손 같은 것이 나타나더라 내가 보니 그룹들 곁에 네 바퀴가 있는데 이 그룹 곁에도 한 바퀴가 있고 저 그룹 곁에도 한 바퀴가 있으며 그 바퀴 모양은 황옥 같으며 그 모양은 넷이 꼭 같은데 마치 바퀴 안에 바퀴가 있는 것 같으며 그룹들이 나아갈 때에는 사방으로 몸을 돌리지 아니하고 나아가되 몸을 돌리지 아니하고 그 머리 향한 곳으로 나아가며 그 온 몸과 등과 손과 날개와 바퀴 곧 네 그룹의 바퀴의 둘레에 다 눈이 가득하더라 내가 들으니 그 바퀴들을 도는 것이라 부르며 그룹들에게는 각기 네 면이 있는데 첫째 면은 그룹의 얼굴이요 둘째 면은 사람의 얼굴이요 셋째는 사자의 얼굴이요 넷째는 독수리의 얼굴이더라 그룹들이 올라가니 그들은 내가 그발 강 가에서 보던 생물이라 그룹들이 나아갈 때에는 바퀴도 그 곁에서 나아가고 그룹들이 날개를 들고 땅에서 올라가려 할 때에도 바퀴가 그 곁을 떠나지 아니하며 그들이 서면 이들도 서고 그들이 올라가면 이들도 함께 올라가니 이는 생물의 영이 바퀴 가운데에 있음이더라 여호와의 영광이 성전 문지방을 떠나서 그룹들 위에 머무르니 그룹들이 날개를 들고 내 눈 앞의 땅에서 올라가는데 그들이 나갈 때에 바퀴도 그 곁에서 함께 하더라 그들이 여호와의 전으로 들어가는 동문에 머물고 이스라엘 하나님의 영광이 그 위에 덮였더라 그것은 내가 그발 강 가에서 보던 이스라엘의 하나님 아래에 있던 생물이라 그들이 그룹인 줄을 내가 아니라 각기 네 얼굴과 네 날개가 있으며 날개 밑에는 사람의 손 형상이 있으니(겔 10:1-21)

이토록 장엄한 그룹들이 존귀하신 주님을 보여주는 하나님의 계시, 성결, 영광과 관련되어 있다는 것을 상상해 보라!

그러나 그룹들이 타락한 증거도 있다. 천사였던 루시퍼가 타락하여 사탄이 된 것은 분명한 사실이다. 에스겔 28장에서 선지자는 "하나님이 기름 부어 세우고 하나님의 성산에 두었던 그룹(겔 28:14)" 들이 타락한 것을 말하고 있다. 하나님은 타락한 루시퍼에게 "내가 너를 불타는 돌들 사이에서 멸망시키겠다(겔 28:16)" 고 말씀하셨다. 그룹이 자만에 빠져 하나님을 배반하고 천국에서 쫓겨났을 때 보잘것없는 사탄으로 타락한 것은 상상할 수 없는 일이다. 그는 '기름 부음 받은 그룹' 에서 '용, 옛 뱀(계 20:2)' 으로 전락하였고 '불과 유황 못에 던져지는(계 20:10)' 심판을 받았다. 이 얼마나 무서운 타락인가!

그룹들이 이처럼 심판을 받았다고 하더라고 죄의 결과가 얼마나 큰가를 우리에게 상기시켜 준다. 또한, 우리를 죄 없었던 자처럼 하나님께로 돌아가게 하려고 그리스도가 위대한 희생을 하였다는 것도 기억해야 한다. 히브리서 2장 16절에 "이는 확실히 천사들을 붙들어 주려 하심이 아니요 오직 아브라함의 자손을 붙들어 주려 하심이라"라고 기록하고 있다.

치품천사(스랍)

치품천사 또는 스랍은 성경 한 곳에서만 직접적으로 언급되어 있다. 이사야는 이 하늘 피조물을 생생하게 기록하고 있다.

> 웃시야 왕이 죽던 해에 내가 본즉 주께서 높이 들린 보좌에 앉으셨는데 그의 옷자락은 성전에 가득하였고 스랍들이 모시고 섰는데 각기 여섯 날개가 있어 그 둘로는 자기의 얼굴을 가리었고 그 둘로는 자기의 발을 가리었고 그 둘로는 날며 서로 불러 이르되 거룩하다 거룩하다 거룩하다 만군의 여호와여 그의 영광이 온 땅에 충만하도다 하더라 이같이 화답하는 자의 소리로 말미암아 문지방의 터가 요동하며 성전에 연기가 충만한지라(사 6:1-4)

스랍은 다른 천사들보다 하나님의 보좌에 계신 창조자와 가깝게 있다. 하나님의 보좌에 참여하는 것이 마치 그의 거룩함에 머물러 있는 것처럼 보인다. 스랍들에게 둘러싸여 보좌에 앉아 계신 하나님은 이사야에게 죄와 부정을 깨닫게 하시고, 이사야의 입에 제단에서 핀 숯으로 대기 위하여 스랍 중 하나를 보냈다.

> 그 때에 내가 말하되 화로다 나여 망하게 되었도다 나는 입술이 부정한 사람이요 나는 입술이 부정한 백성 중에 거주하면서 만군의 여호와이신 왕을 뵈었음이로다 하였더라 그 때에 그 스랍 중의 하나가 부젓가락으로 제단에서 집은 바 핀 숯을 손에 가지고 내게로 날아와서 그것을 내 입술에 대며 이르되 보라 이것이 네 입에 닿았으니 네 악이 제하여졌고 네 죄가 사하여졌느니라 하더라
>
> (사 6:5-7)

스랍은 여섯 날개를 가졌는데, 하나님의 영광 앞에서 둘은 얼굴을 가리고, 둘은 자기 발을 가렸으며, 단지 두 날개만 나는 데 사용한다. 히브리어 '스랍' 은 '불타고 있다' 라는 의미이다. 내가 받은 환상과 계시 중에 영적 존재로 나타났던 천사들은 마치 타는 불과 같았다. 나는 천사들, 특별히 스랍들을 불로 믿는 이유는 "우리 하나님은 소멸하는 불이심이라(히 12:29)"라고 정의한 하나님 앞에 그들이 있기 때문이

다. 다니엘이 받은 환상 중 하나는 "내가 보니 왕좌가 놓이고 옛적부터 항상 계신 이가 좌정하셨는데 그의 옷은 희기가 눈 같고 그의 머리털은 깨끗한 양의 털 같고 그의 보좌는 불꽃이요 그의 바퀴는 타오르는 불이며 불이 강처럼 흘러 그의 앞에서 나오며 그를 섬기는 자는 천천이요 그 앞에서 모셔 선 자는 만만이며 심판을 베푸는데 책들이 펴 놓였더라(단 7:9-10)" 이다.

모세는 "산 위의 여호와의 영광이 이스라엘 자손의 눈에 맹렬한 불 같이 보였고(출 24:17)"라고 기록하고 있으며, 시편 104편 4절에서 "바람을 자기 사신으로 삼으시고 불꽃으로 자기 사역자를 삼으시며"라는 말씀을 읽을 수 있다.

스랍은 이스라엘의 거룩한 하나님을 송축하는 지혜로운 존재이다. 그들은 뜨겁게 하나님을 사랑하며, 이러한 헌신은 우리에게 하나님의 사랑에 더 깊이 들어가도록 감동을 준다.

여호와의 사자인 천사

나는 성경에 자주 언급된 '여호와의 사자' 의 의미를 간략하게 말하고자 한다(창세기 16장 7-11절, 출애굽기 3장 1-6절, 사무엘하 24장 16절, 스가랴 3장 1-7절, 사도행전 12장 21-23절을 보라). '여호와의 사자' 는 하나님의 천사 중 하나,

하나님 자신, 성육신하시기 전의 주 예수 그리스도를 지칭하는 것 같다. 또한, 성경에 기록된 천사에 대한 이러한 지칭은 우리의 관심과 존경을 받는다.

경배를 위해 보냄을 받은 천사

우리는 하나님을 섬기는 다양한 천사들과 천국에서 다른 지위를 지닌 천사들을 본다. 모든 하나님의 천사는 하나님의 존귀, 능력, 거룩함을 드러낸다. 또한 천사들이 우리를 위하여 일하고 있다니 얼마나 놀라운 일인가! 히브리서 1장 14절에 "모든 천사들은 섬기는 영으로서 구원 받을 상속자들을 위하여 섬기라고 보내심이 아니냐" 라고 기록되어 있다.

5
천사의 영적 사역

성경에 의하면 천사들은 하늘과 땅에서 사역하는 데 필요한 권위와 의무를 가지고 있다. 천사들이 원래 지상에서 거주하는 것은 아니지만, 그들은 지상에서 자신의 사역을 감당한다. 천사들은 하나님의 뜻을 이루기 위하여 천상과 지상 사이를 왕래한다. 야곱은 천사들이 천상과 지상을 오르락내리락하는 사닥다리의 환상을 보았다(창세기 28장 12절을 보라). 제3부에서 하나님이 나에게 주신 환상과 계시를 통하여 내가 본 천사들의 활동을 이야기할 것이다. 이러한 계시들은 그의 백성 가운데서 이루어지고 있는 하나님의 계속적인 나타나심과 역사를 보여준다.

그렇다. 나의 사랑하는 천사들은 항상 우리 가운데서 활동한다. 천사들의 활동이 영적 영역에서 이루어지기 때문에 육안으로는 볼 수 없고 오직 영적으로 분별된다. 열왕기하 6장의 말씀은 이것이 진실임을 보여준다. 시리아 왕은 이스라엘의 왕이 항상 자신의 계획을 미리 알고 있는 것 때문에 당황하고 있었다. 그가 이스라엘을 공격할 때마다 하나님의 사람들이 그를 물리쳤다. 시리아 왕은 자기 진영에 첩자가 있다고 생각하였다. 그러나 신복 중 하나가 왕에게 이스라엘에 엘리사라는 선지자가 있어 "왕이 침실에서 하신 말씀(왕하 6:12)"까지도 이스라엘 왕에게 고한다고 알려 주었다.

> 왕이 이에 말과 병거와 많은 군사를 보내매 그들이 밤에 가서 그 성읍을 에워쌌더라 하나님의 사람의 사환이 일찍이 일어나서 나가보니 군사와 말과 병거가 성읍을 에워쌌는지라 그의 사환이 엘리사에게 말하되 아아, 내 주여 우리가 어찌하리이까 하니 대답하되 두려워하지 말라 우리와 함께 한 자가 그들과 함께 한 자보다 많으니라 하고 기도하여 이르되 여호와여 원하건대 그의 눈을 열어서 보게 하옵소서 하니 여호와께서 그 청년의 눈을 여시매 그가 보니 불말과 불병거가 산에 가득하여 엘리사를 둘렀더라
>
> (왕하 6:14-17)

보이는 것과 상관없이 천사의 세계가 우리를 둘러싸고 있으며 돕고 있다는 것에 우리는 위로를 받고 힘을 얻는다. 우

리는 천사라고 부르는 피조물인 하나님의 대리자를 존경한다. 하나님은 우리의 필요를 채워주시기 위하여 천사를 우리의 삶 속에 보내셨다. 하나님의 백성을 위하여 그들이 하고 있는 일과 행동은 우리가 하나님과 동행하면서 매일의 삶 속에서 인내하는 데 도움이 된다.

하나님의 예배자들

모든 천사의 가장 중요한 활동은 하나님과 그의 아들 예수 그리스도를 찬양하고 경배하는 것이다. 왜냐하면 천사, 사람, 자연물 등 모든 만물은 하나님을 영화롭게 할 목적으로 창조되었기 때문이다.

> 할렐루야 하늘에서 여호와를 찬양하며 높은 데서 그를 찬양할지어다 그의 모든 천사여 찬양하며 모든 군대여 그를 찬양할지어다 해와 달아 그를 찬양하며 밝은 별들아 다 그를 찬양할지어다 하늘의 하늘도 그를 찬양하며 하늘 위에 있는 물들도 그를 찬양할지어다 그것들이 여호와의 이름을 찬양함은 그가 명령하시므로 지음을 받았음이로다(시 148:1-5)

또 그가 맏아들을 이끌어 세상에 다시 들어오게 하실 때에 하나님의 모든 천사들은 그에게 경배할지어다 말씀하시며(히 1:6)

내가 또 보고 들으매 보좌와 생물들과 장로들을 둘러 선 많은 천사의 음성이 있으니 그 수가 만만이요 천천이라 큰 음성으로 이르되 죽임을 당하신 어린 양은 능력과 부와 지혜와 힘과 존귀와 영광과 찬송을 받으시기에 합당하도다 하더라(계 5:11-12)

모든 천사가 보좌와 장로들과 네 생물의 주위에 서 있다가 보좌 앞에 엎드려 얼굴을 대고 하나님께 경배하여 이르되 아멘 찬송과 영광과 지혜와 감사와 존귀와 권능과 힘이 우리 하나님께 세세토록 있을지어다 아멘 하더라(계 7:11-12)

내가 하늘의 계시를 받았을 때 주님의 임재는 놀라웠다. 천사들이 무슨 일을 하든지, 그들은 주님을 노래하고 찬양한다. 수많은 천사가 계속해서 하나님을 예배하고 있으며, 때때로 침묵과 묵상의 시간을 갖는다.

하나님 보좌 주위는 항상 영광과 존귀와 아멘으로 가득 차 있다. 히브리서 저자는 "그러나 너희가 이른 곳은 시온 산과 살아 계신 하나님의 도성인 하늘의 예루살렘과 천만 천사와(히 12:22)"라고 기록하고 있다. 하나님의 보좌에 있는 네 생물은 '밤낮 쉬지 않고' 이르기를 "거룩하다 거룩하다

거룩하다 주 하나님 곧 전능하신 이여 전에도 계셨고 이제도 계시고 장차 오실 이시라(계 4:8)"라고 찬양한다.

천사들이 영원토록 하나님을 찬양하며 경배하는 이유가 있다. 그 중 하나는 하나님이 세상을 창조할 때, 천사들이 하나님의 전능하신 창조 능력을 감격과 감동으로 지켜보았기 때문이다. 욥기 38장 7절은 이러한 감동의 순간을 "그 때에 새벽 별들이 기뻐 노래하며 하나님의 아들(천사)들이 다 기뻐 소리를 질렀느니라"라고 기록하고 있다. 하나님을 경배하는 천사들의 모습을 통하여, 우리는 하나님의 아름다움과 위대함과 그의 창조의 영광 등 그의 놀라운 역사를 인정하는 것을 배워야 한다.

하나님의 천사들의 사역

천사들은 하나님을 예배할 뿐 아니라 하나님의 종이다. 그들은 하나님의 뜻을 수행하는 대리인으로 하나님과 그의 백성을 위해 주야로 활동한다.

히브리서 1장 14절은 "모든 천사들은 섬기는 영으로서 구원받을 상속자들을 위하여 섬기라고 보내심이 아니냐"라고 우리에게 말씀하고 있다. 천사들은 하나님 왕국의 종으로 하나님의 뜻과 명령에 따라 구원의 상속자들을 위하여 일한다.

당신이 하나님의 자녀라면, 당신이 알든 모르든 천사들은 당신을 위하여 일한다. 천사들은 가끔 환난 중에 있는 신자들에게 나타난다. 그들의 보호는 하나님이 우리를 얼마나 사랑하시는가를 보여준다. 천사들이 믿는 자들을 위하여 일하는 방법은 다양하다.

하나님으로부터 말씀을 위임받는다

첫째, 천사들은 하나님의 특별한 말씀을 위임받아 그의 백성에게 전달하는 존재이다. 이것을 보여주는 성경 말씀이 많다. 창세기 18장 9-14절에서, 천사는 아브라함에게 생리가 끊어진 그의 아내가 임신하여 아이를 낳을 것이라고 말한다. 주님의 천사들은 아브라함에게 그의 자손들을 통하여 천하 만민이 복을 받을 것을 확신시킨다(창세기 22장 11-18절을 보라).

주의 천사들이 기드온에게 나타나 그가 이스라엘을 미디안의 손에서 구할 것을 말한다(사사기 6장 11-14절을 보라).

가브리엘 천사가 사가랴에게 그의 아내 엘리사벳이 세례 요한을 낳을 것을 선언하였다(누가복음 1장 11-17절을 보라). 또한, 가브리엘은 마리아에게 성령의 능력으로 잉태하여 낳을 아들이 메시아가 될 것을 선포하였다(누가복음 1장 28-35절을 보라). 천사가 꿈에 요셉에게 나타나 아이가 성령으로 잉태된 것을 확신시키면서 그의 아내 마리아를 데려오라고 격려하고 있다(마태복음 1장 20-21절을 보라).

구주의 탄생을 축하하는 밤에 천사가 들판에 있는 목자들에게 나타나 영광스러운 빛 가운데서 "보라 내가 온 백성에게 미칠 큰 기쁨의 좋은 소식을 너희에게 전하노라(눅 2:10)"라고 말하고 있다. 그리고 천사는 예수님의 탄생을 선포한다.

> 홀연히 수많은 천군이 그 천사들과 함께 하나님을 찬송하여 이르되 지극히 높은 곳에서는 하나님께 영광이요 땅에서는 하나님이 기뻐하신 사람들 중에 평화로다 하니라(눅 2:13-14)

천사가 환상 중에 고넬료에게 나타나 베드로를 초청하여 복음을 들으라고 권한다(사도행전 10장 1-6절을 보라). 빌립은 천사의 지시에 따라 에디오피아 내시를 만나 그리스도의 구원의 말씀을 설명하기 위해 가사로 내려갔다(사도행전 8장 26-39절을 보라).

우리는 세상을 구원하기 위한 하나님의 계획과 역사와 관련된 중요한 소식들을 하나님의 백성에게 전하는 천사들을 여러 성경 말씀에서 볼 수 있다.

하나님 말씀을 전달한다

천사들은 하나님의 말씀을 사람들에게 전달할 뿐 아니라 사람들이 말씀을 이해하도록 돕는다. 예를 들면, 하나님이 시내산에서 십계명과 율법을 줄 때 천사가 함께했다.

> 그가 일렀으되 여호와께서 시내 산에서 오시고 세일 산에서 일어나시고 바란 산에서 비추시고 일만 성도 가운데에 강림하셨고 그의 오른손에는 그들을 위해 번쩍이는 불이 있도다 여호와께서 백성을 사랑하시나니 모든 성도가 그의 수중에 있으며 주의 발 아래에 앉아서 주의 말씀을 받는도다 모세가 우리에게 율법을 명령하였으니 곧 야곱의 총회의 기업이로다(신 33:2-4)

사도행전 7장에서 스데반은 산헤드린 공회 앞에서 이스라엘 백성에게 "천사가 전한 율법을 받았다(행 7:53)"라고 말한다. 바울은 이 사실을 다시 기록하였다.

> 그런즉 율법은 무엇이냐 범법하므로 더하여진 것이라 천사들을 통하여 한 중보자의 손으로 베푸신 것인데 약속하신 자손이 오시기까지 있을 것이라(갈 3:19)

천사의 말이나 행동은 항상 성경과 일치한다. 다니엘 10장에서 천사는 하나님 말씀을 진실 되게 대변하고 있다. 천사는 다니엘에게 "오직 내가 먼저 진리의 글에 기록된 것으로 네게 보이리라(단 10:21)"라고 말한다.

바울은 우리에게 "그러나 우리나 혹은 하늘로부터 온 천사라도 우리가 너희에게 전한 복음 외에 다른 복음을 전하면 저주를 받을지어다(갈 1:8)"라고 말한다. 천사가 하나님의 말씀과 반대되는 것을 말하기 시작한다면, 그는 하나님의 거룩한 천사가 아니라 천사로 가장한 악한 영이다. 사탄은 예수를 시험할 때 성경 말씀을 남용했으며, 사람들을 유혹하기 위하여 계속 '광명의 천사(고후 11:14)'로 가장한다.

하나님이 나에게 천사를 보여줄 때마다 내가 본 것을 믿을 수 있도록 성경 말씀을 제시해 주셨다. 하나님으로부터 온 천사는 당신에게 하나님 말씀에서 벗어난 지시나 안내를 절대로 하지 않는다.

하나님의 백성을 인도한다

하나님의 천사는 사람들이 하나님의 뜻대로 행하도록 발걸음을 인도하고 갈 길을 밝혀준다. 예를 들어, 창세기 24장에 기록된 천사가 안내하는 내용을 보자.

> 하늘의 하나님 여호와께서 나를 내 아버지의 집과 내 고향 땅에서 떠나게 하시고 내게 말씀하시며 내게 맹세하여 이르시기를 이 땅을 네 씨에게 주리라 하셨으니 그가 그 사자를 너보다 앞서 보내실지라 네가 거기서 내 아들을 위하여 아내를 택할지니라
>
> (창 24: 7)

창세기 31장에는 야곱이 천사로부터 안내받는 내용이 기록되어 있다.

> 꿈에 하나님의 사자가 내게 말씀하시기를 야곱아 하기로 내가 대답하기를 여기 있나이다 하매 이르시되 네 눈을 들어 보라 양 떼를 탄 숫양은 다 얼룩무늬 있는 것, 점 있는 것과 아롱진 것이니라 라반이 네게 행한 모든 것을 내가 보았노라 나는 벧엘의 하나님이라 네가 거기서 기둥에 기름을 붓고 거기서 내게 서원하였으니 지금 일어나 이 곳을 떠나서 네 출생지로 돌아가라 하셨느니라
>
> (창 31:11-13)

천사가 가르침이 필요한 의로운 사람에게로 빌립을 안내하는 내용이 있다.

> 주의 사자가 빌립에게 말하여 이르되 일어나서 남쪽으로 향하여 예루살렘에서 가사로 내려가는 길까지 가라 하니 그 길은 광야라 일어나 가서 보니 에디오피아 사람 곧 에디오피아 여왕 간다게의 모든 국고를 맡은 관리인 내시가 예배하러 예루살렘에 왔다가 돌아가는데 수레를 타고 선지자 이사야의 글을 읽더라 성령이 빌립더러 이르시되 이 수레로 가까이 나아가라 하시거늘 빌립이 달려가서 선지자 이사야의 글 읽는 것을 듣고 말하되 읽는 것을 깨닫느냐 대답하되 지도해 주는 사람이 없으니 어찌 깨달을 수 있느냐

하고 빌립을 청하여 수레에 올라 같이 앉으라 하니라(행 8:26-31)

천사가 빌립에게 해야 할 일과 가야 할 곳을 특별히 지시하였더라도, 빌립과 함께 하면서 일을 성취하도록 끝까지 인도하시는 분은 성령이시다. 하나님이 우리를 인도하시기 위하여 천사를 사용하시더라도, 우리는 천사가 아니라 하나님께 간구해야 한다. 나는 예배 중에 천사가 어떤 사람의 어깨에 앉는 것을 영안으로 보았다. 이것은 하나님이 특별한 사명을 주시기 위하여 그를 불렀다는 것을 나에게 보여주는 것이다. 가끔 하나님은 나를 어떤 사람에게 가도록 하여 하나님이 특별한 목적을 위하여 그를 불렀다는 말을 전하게 하신다. 그들은 "그래요, 나도 그것을 압니다. 그러나 준비가 되어 있지 않습니다."라고 말한다. 나는 "그럼, 주님을 바라보십시오. 그분은 당신에게 갈 길을 확실하게 지시할 것입니다. 그분은 당신을 기억하고 계십니다."라고 대답한다.

우리가 하나님을 신뢰할 때, 우리를 온전하게 인도하시며 그의 천사들을 통하여 이 일을 이루어 가신다.

너는 마음을 다하여 여호와를 신뢰하고 네 명철을 의지하지 말라

너는 범사에 그를 인정하라 그리하면 네 길을 지도하시리라

(잠 3:5-6)

하나님의 백성을 위로하고 격려한다

하나님의 천사들은 환난 가운데 있는 사람들을 위로하고 격려한다. 예를 들어, 창세기 16장에서 사래의 학대를 피해 도망간 하갈을 위로하는 주의 천사를 만날 수 있다.

> 여호와의 사자가 광야의 샘물 곁 곧 술 길 샘 곁에서 그를 만나 이르되 사래의 여종 하갈아 네가 어디서 왔으며 어디로 가느냐 그가 이르되 나는 내 여주인 사래를 피하여 도망하나이다 여호와의 사자가 그에게 이르되 네 여주인에게로 돌아가서 그 수하에 복종하라 여호와의 사자가 또 그에게 이르되 내가 네 씨를 크게 번성하여 그 수가 많아 셀 수 없게 하리라 여호와의 사자가 또 그에게 이르되 네가 임신하였은즉 아들을 낳으리니 그 이름을 이스마엘이라 하라 이는 여호와께서 네 고통을 들으셨음이니라(창 16: 7-11)

창세기 21장에는 하갈과 이스마엘이 아브라함과 사래로부터 쫓겨나고 하갈이 사막에서 죽을 것이라고 생각하고 있을 때, '하나님의 천사' 가 하갈을 위로하는 사건이 기록되어 있다(창세기 21장 9-21절을 보라).

창세기 28장에는 야곱이 하늘과 땅 사이를 사닥다리로 오르락내리락하는 하나님의 천사를 보는 꿈이 기록되어 있다. 이 꿈을 통하여 하나님은 야곱이 천국 문에서 하나님의 존재 앞에 있는 것을 확인시키기 위해 천사를 사용하셨다(창세기

28장 11-15절을 보라).

바다에서 광풍을 만난 배에 있었던 바울은 하나님이 자신과 배 안에 있는 모든 사람의 생명을 구하여 주실 것과 로마에서 가이사 앞에서 재판을 받을 때 함께하여 주실 것이라는 천사의 위로를 받았다.

> 내가 속한 바 곧 내가 섬기는 하나님의 사자가 어제 밤에 내 곁에 서서 말하되 바울아 두려워하지 말라 네가 가이사 앞에 서야 하겠고 또 하나님께서 너와 함께 항해하는 자를 다 네게 주셨다 하였으니(행 27:23-24)

고린도후서 7장 6절은 '낙심한 자들을 위로하시는 하나님'을 말씀하시고 있으며, 때때로 하나님은 자기 백성을 위로하시기 위하여 천사를 사용하신다. 나는 살아오면서 여러 번 위기를 당하였다. 그때마다 나는 중보기도를 하였으며 복음을 있는 그대로 충실하게 설교했다. 그리고 하나님의 백성을 위한 천사의 특별 사역과 관련된 말씀을 읽었다. 내가 호텔에서 잠을 자려 할 때, 나의 머리 위에서 찬양하는 천사들을 보았다. 천사들은 아름다운 목소리로 하나님을 찬양하였으며, 나도 그들과 함께 찬양하였다. 우리가 하나님께 찬양하고 예배할 때, 나의 신실하신 위로자인 성령은 나를 위로해 주셨다. 다음과 같은 말씀이 나에게 임하였다.

> 너의 하나님 여호와가 너의 가운데에 계시니 그는 구원을 베푸실 전능자이시라 그가 너로 말미암아 기쁨을 이기지 못하시며 너를 잠잠히 사랑하시며 너로 말미암아 즐거이 부르며 기뻐하시리라 하리라(습 3:17)

갑자기 나의 방이 천사들로 가득한 것이 아닌가! 하나님은 위로자이시며, 천사들은 하나님을 도우려고 항상 우리 주변에서 머문다. 우리가 영안을 갖고 바라본다면, 하나님의 축복이 임하는 것을 알 수 있다.

하나님의 사람을 지지해 준다

다음으로 하나님은 자기 백성을 강하게 하고 지지해 주기 위하여 그의 천사를 보내신다. 창세기 21장에는 하나님의 천사가 하갈에게 나타나 그녀와 죽어가는 아들을 위하여 물을 찾을 수 있는 장소를 알려주는 사건이 기록되어 있다(창세기 21장 19절을 보라).

엘리야 선지자가 이세벨로부터 자기 생명을 구하기 위하여 당황하면서 도망갈 때 하나님은 그가 견딜 수 있도록 물질적인 지원을 위해 천사를 사용하셨다.

> 이세벨이 사신을 엘리야에게 보내어 이르되 내가 내일 이맘때에는 반드시 네 생명을 저 사람들 중 한 사람의 생명과 같게 하리라

그렇게 하지 아니하면 신들이 내게 벌 위에 벌을 내림이 마땅하니라 한지라 그가 이 형편을 보고 일어나 자기의 생명을 위해 도망하여 유다에 속한 브엘세바에 이르러 자기의 사환을 그 곳에 머물게 하고 자기 자신은 광야로 들어가 하룻길쯤 가서 한 로뎀 나무 아래에 앉아서 자기가 죽기를 원하여 이르되 여호와여 넉넉하오니 지금 내 생명을 거두시옵소서 나는 내 조상들보다 낫지 못하니이다 하고 로뎀 나무 아래에 누워 자더니 천사가 그를 어루만지며 그에게 이르되 일어나서 먹으라 하는지라 본즉 머리맡에 숯불에 구운 떡과 한 병 물이 있더라 이에 먹고 마시고 다시 누웠더니 여호와의 천사가 또 다시 와서 어루만지며 이르되 일어나 먹으라 네가 갈 길을 다 가지 못할까 하노라 하는지라 이에 일어나 먹고 마시고 그 음식물의 힘을 의지하여 사십 주 사십 야를 가서 하나님의 산 호렙에 이르니라(왕상 19:2-8)

호렙산에서 엘리야는 '세미한 소리' 가운데에서 하나님을 만났으며, 하나님은 엘리야가 앞으로 해야 할 일을 말씀하셨다(열왕기상 19장 12-18절을 보라).

신약성경에서 하나님은 그의 아들 예수님이 세상에 계실 때 그를 강하게 하고 지원하기 위하여 천사들을 보내셨다. 예수님이 사역을 시작할 때, 광야에서 사탄의 시험을 물리치신 후 "이에 마귀는 예수를 떠나고 천사들이 나아와서 수종드니라(마 4:11)"는 말씀이 있다. 마가복음 1장 13절에는

"광야에서 사십 일을 계시면서 사탄에게 시험을 받으시며 들짐승과 함께 계시니 천사들이 수종들더라"라고 기록되어 있다. 예수님의 죽음이 임박할 때, 예수님이 겟세마네 동산에서 하나님 아버지의 뜻을 따르겠다고 간절히 기도하는 중 "천사가 하늘로부터 예수께 나타나 힘을 더하더라(눅 22:43)"라는 말씀이 기록되어 있다.

이러한 일이 예수님에게 있었다면 당연히 우리에게도 일어나지 않겠는가! 하나님은 이스라엘 백성이 광야에서 유리할 때 만나 또는 '천사의 음식'을 내려 주신 것을 기억하자.

> 사람이 힘센 자의 떡을 먹었으며 그가 음식을 그들에게 충족히 주셨도다(시 78:25)

우리가 필요한 것이 영적이든 육체적이든, 또는 두 가지 모두든 하나님은 항상 환난 중에 있는 그의 자녀를 지원한다.

하나님의 백성을 보호하고 구출한다

하나님의 천사들은 하나님에게 속한 사람들을 보호하고 구원한다. 우리가 이미 본 바와 같이, 성경은 천사들이 의인을 보호하는 것을 증거하고 있다.

그가 너를 위하여 그의 천사들을 명령하사 네 모든 길에서 너를 지키게 하심이라 그들이 그들의 손으로 너를 붙들어 발이 돌에 부딪히지 아니하게 하리로다(시 91:11-12)

여호와의 천사가 주를 경외하는 자를 둘러 진 치고 그들을 건지시는도다(시 34:7)

먼저 하나님의 보호하심에 대한 성경적 사례들을 보자. 천사들은 베드로후서 2장 8절에서 '의인'으로 지칭한 롯과 그의 가족들을 소돔과 고모라 사람들과 함께 멸망 받는 곳에서 구출했다.

저녁 때에 그 두 천사가 소돔에 이르니 마침 롯이 소돔 성문에 앉아 있다가 그들을 보고 일어나 영접하고 땅에 엎드려 절하며 이르되 내 주여 돌이켜 종의 집으로 들어와 발을 씻고 주무시고 일찍이 일어나 갈 길을 가소서 그들이 이르되 아니라 우리가 거리에서 밤을 새우리라 그 사람들이 롯에게 이르되 이 외에 네게 속한 자가 또 있느냐 네 사위나 자녀나 성 중에 네게 속한 자들을 다 성 밖으로 이끌어 내라 그들에 대한 부르짖음이 여호와 앞에 크므로 여호와께서 이 곳을 멸하시려고 우리를 보내셨나니 우리가 멸하리라 롯이 나가서 그 딸들과 결혼할 사위들에게 말하여 이르기를 여호와께서 이 성을 멸하실 터이니 너희는 일어나 이 곳에서 떠나라 하되 그의 사위들은 농담으로 여겼더라 동틀 때에 천사가 롯을 재촉하여 이르되 일어나 여기 있는 네 아내와 두 딸을 이끌어 내라 이 성의 죄악 중에 함께 멸망할까 하노라 그러나 롯이 지체하매 그 사람들이 롯의 손과 그 아내의 손과 두 딸의 손을 잡아 인도하여 성 밖에 두니 여호와께서 그에게 자비를 더하심이었더라 그 사람들이 그들을 밖으로 이끌어 낸 후에 이르되 도망하여 생명을 보존하라 돌아보거나 들에 머물지 말고 산으로 도망하여 멸망함을 면하라 하나님이 그 지역의 성을 멸하실 때 곧 롯이 거주하는 성을 엎으실 때에 하나님이 아브라함을 생각하사 롯을 그 엎으시는 중에서 내보내셨더라(창 19:1-2, 12-17, 29)

우리는 출애굽기 14장 19-20절에서 하나님의 천사들이 그의 백성을 애굽 군대의 공격에서 구하는 내용을 읽을 수 있다.

이스라엘 진 앞에 가던 하나님의 사자가 그들의 뒤로 옮겨 가매 구름 기둥도 앞에서 그 뒤로 옮겨 애굽 진과 이스라엘 진 사이에 이르러 서니 저쪽에는 구름과 흑암이 있고 이쪽에는 밤이 밝으므로 밤새도록 저쪽이 이쪽에 가까이 못하였더라(출 14:19-20)

다니엘이 모함을 당하여 피할 수 없는 사자 굴에 던져진 후에 천사들이 그를 보호했다. 다리오 왕이 다니엘의 죽음을 보러 왔을 때, 다니엘이 왕에게 한 말을 보자.

> 나의 하나님이 이미 그의 천사를 보내어 사자들의 입을 봉하셨으므로 사자들이 나를 상해하지 못하였사오니 이는 나의 무죄함이 그 앞에 명백함이오며 또 왕이여 나는 왕에게도 해를 끼치지 아니하였나이다 하니라(단 6:22)

예수님은 천사들이 작은 아이까지도 지키고 있다고 지적하시면서, "삼가 이 작은 자 중의 하나도 업신여기지 말라 너희에게 말하노니 그들의 천사들이 하늘에서 하늘에 계신 내 아버지의 얼굴을 항상 뵈옵느니라(마 18:10)"라고 말씀하셨다.

두 번째로 성경은 천사가 우리를 보호해 줄뿐 아니라, 하나님의 백성을 구출하는 것에 대하여 기록하고 있다.

마태복음 26장 53절에는 예수님이 체포되어 십자가에 못 박히실 때, 하나님께 자기를 구원해 줄 열두 군단 되는 천사를 보내어 달라고 요구할 수도 있었다는 예수님의 말씀이 기록되어 있다. 그러나 하나님은 예수님이 십자가를 지심으로 당신과 나의 죄, 세상 죄를 대속 할 수 있도록 하시려고 예수님을 십자가에 못 박는 것을 그들에게 허용하셨다.

사도행전 5장에는 사도들이 옥에 갇혔을 때, 천사들이 간수들조차도 모르게 옥문을 열어 사도들을 나오게 하여 사람들에게 복음을 계속 전파할 수 있도록 하였다.

> 대제사장과 그와 함께 있는 사람 즉 사두개인의 당파가 다 마음에 시기가 가득하여 일어나서 사도들을 잡아다가 옥에 가두었더니 주의 사자가 밤에 옥문을 열고 끌어내어 이르되 가서 성전에 서서 이 생명의 말씀을 다 백성에게 말하라 하매 부하들이 가서 옥에서 사도들을 보지 못하고 돌아와 이르되 우리가 보니 옥은 든든하게 잠기고 지키는 사람들이 문에 서 있으되 문을 열고 본즉 그 안에는 한 사람도 없더이다 하니(행 5:17-20, 22-23)

사도행전 12장에서는 천사가 베드로가 갇혀 있는 감옥에 가서 일어나지 못할 정도로 쇠사슬로 매여 있는 베드로를 은밀하게 풀어주는 사건이 있지 않은가!

> 헤롯이 잡아 내려고 하는 그 전날 밤에 베드로가 두 군인 틈에서 두 쇠사슬에 매여 누워 자는데 파수꾼들이 문 밖에서 옥을 지키더니 홀연히 주의 사자가 나타나매 옥중에 광채가 빛나며 또 베드로의 옆구리를 쳐 깨워 이르되 급히 일어나라 하니 쇠사슬이 그 손에서 벗어지더라 천사가 이르되 띠를 띠고 신을 신으라 하거늘 베드로가 그대로 하니 천사가 또 이르되 겉옷을 입고 따라오라 한대 베드로가 나와서 따라갈새 천사가 하는 것이 생시인 줄 알지 못하고 환상을 보는가 하니라 이에 첫째와 둘째 파수를 지나 시내로 통한 쇠문에 이르니 문이 저절로 열리는지라 나와서 한 거리를 지나매 천사가 곧 떠나더라 이에 베드로가 정신이 들어 이르되 내

가 이제야 참으로 주께서 그의 천사를 보내어 나를 헤롯의 손과 유대 백성의 모든 기대에서 벗어나게 하신 줄 알겠노라 하여

(행 12:6-11)

하나님이 나에게 주신 환상과 계시를 통하여, 소위 '공격하는 천사'와 '방어하는 천사'의 미묘한 역할 차이를 이해하게 되었다. 방어하는 천사는 우리를 상해와 위험과 사탄의 모든 유혹으로부터 보호해 준다. 그들은 수호천사로서 일한다. 그들은 우리가 모르는 사이에도 우리를 보호한다. 공격하는 천사는 권세자, 우두머리, 악령, 어둠의 주관자 그리고 하나님의 사역에 빈대되는 모든 것에 대항하여 싸운다.

복음을 확장시킨다

하나님의 천사들은 복음을 확장시키는 역할을 활발하게 수행한다. 그들은 잃어버린 영혼들이 구원받는 데 큰 관심을 갖고 있다. 예수님이 누가복음 15장에서 잃어버린 양 비유를 하신 후에 "내가 너희에게 이르노니 이와 같이 죄인 한 사람이 회개하면 하늘에서는 회개할 것 없는 의인 아흔아홉으로 말미암아 기뻐하는 것보다 더하리라(눅 15:7)"라고 말씀하고 있다. 또한, 잃어버린 동전 비유를 하면서 "내가 너희에게 이르노니 이와 같이 죄인 한 사람이 회개하면 하나님의 사자들 앞에 기쁨이 되느니라(눅 15:10)"라고 말씀하고 있다.

이 땅에 닥칠 대환란 동안에 강한 천사들은 세상 열국에 축복의 복음을 선포할 것이다.

> 또 보니 다른 천사가 공중에 날아가는데 땅에 거주하는 자들 곧 모든 민족과 종족과 방언과 백성에게 전할 영원한 복음을 가졌더라. 그가 큰 음성으로 이르되 하나님을 두려워하며 그에게 영광을 돌리라 이는 그의 심판의 시간이 이르렀음이니 하늘과 땅과 바다와 물들의 근원을 만드신 이를 경배하라 하더라(계 14:6-7)

하나님의 천사가 고넬료에게 나타나서 예수의 구원에 관한 진리를 말해줄 베드로를 찾도록 안내한 것을 읽은 적이 있다. 베드로가 고넬료에게 말한 내용이 성경에 "그에 대하여 모든 선지자도 증언하되 그를 믿는 사람들이 다 그의 이름을 힘입어 죄 사함을 받는다 하였느니라(행 10:43)"라고 기록되어 있다.

이것은 성경이 천사에 대하여 우리에게 강조하고자 하는 중요한 내용이다. 우리는 진실한 천사는 항상 하나님의 거룩한 말씀 속에서 발견되는 구원의 소식을 전파하려고 노력한다는 사실을 성경을 통해 알고 있다. 내가 이러한 사실을 강조하는 이유는 사탄이 당신을 유혹하고 그리스도의 구원의 진리에서 당신을 끌어내려고 하기 때문이다. 고넬료를 방문한 선한 천사로 인하여 예수 안에서 그와 그 집이 구원을 받았다.

그리스도를 통하여 우리를 구원하여 주신 하나님과 잃어버린 자들에게 구원의 소식을 전달하는 일을 돕는 천사의 사역에 감사하자.

하나님의 사람을 천국으로 옮긴다

천사들은 하나님의 성도들의 죽음에 있어서 영적 '관을 운반하는 자' 의 역할을 한다. 믿는 자들이 혼자서 이 세상에서 사후세계로 이동하는 것은 아니다. 천사들은 우리의 죽음 가운데에서도 하나님의 뜻에 따라 일한다. 이 세상에서 순례자의 삶이 끝나면 천사들은 나사로에게 했던 것처럼 우리의 영혼을 영광된 곳으로 옮긴다.

> 한 부자가 있어 자색 옷과 고운 베옷을 입고 날마다 호화롭게 즐기더라 그런데 나사로라 이름하는 한 거지가 헌데 투성이로 그의 대문 앞에 버려진 채 그 부자의 상에서 떨어지는 것으로 배불리려 하매 심지어 개들이 와서 그 헌데를 핥더라 이에 그 거지가 죽어 천사들에게 받들려 아브라함의 품에 들어가고 부자도 죽어 장사되매(눅 16:19-22)

하나님이 나에게 주신 하늘의 환상에서, 나는 신자들이 하늘 문에 도달했을 때 일어나는 일에 대하여 보았다. 당신이 죽을 때 신자였다면, 당신의 영혼은 육체를 떠나고 천사가 당신을 천국으로 옮긴다. 당신을 하나님 앞에 세우기 위하여 천사는 당신에게 옷을 입히고 준비시킬 것이다.

당신이 100세에 죽었더라도 당신이 하나님 앞에 설 때에는 완전한 청년처럼 될 것이다. 누가 이것을 주관하시는 하나님을 섬기기를 거부할 수 있을 것인가? 하나님은 당신에게 다시는 죽음이 없는 영원한 생명을 주실 것이다.

나는 아이와 어린이들이 죽었을 때, 그들의 영혼이 하늘로 옮겨지는 것을 보았다. 그들은 성장하고 성숙하고, 완전한 모습으로 변화되었다. 하나님은 어린 그들에게 영원한 생명을 불어넣어 그 안에서 완전한 자가 되게 하셨다. 또한, 나는 유산된 아기들이 천국으로 옮겨져서 완전한 모습으로 변화된 것을 보았다. 얼마나 놀라운 하나님의 역사인가!

계속되는 활동

하나님의 천사들은 하나님의 백성을 대신하여 하나님의 뜻을 계속해서 이루어 나간다. 하나님은 나에게 천사들이 항상 일하는 계시를 보여주었다. 그러나 천사들이 하는 일은 좋아서 하는 고생 같지는 않았다. 천사들은 우리가 하나님과 그의 뜻을 위하여 무엇을 하고 있는지를 예리하게 관찰한다. 천사들이 가지고 있는 열정과 헌신을 가지고 하나님을 사랑하고 섬기겠다는 결심을 해보자. 그의 천사를 통하여 이 세상에서 하나님의 목적을 이루어 나가도록 우리를 도우시는 하나님께 진심으로 감사하자.

하나님의 영광과 존귀의 수호자

우리는 천사들이 하나님을 경배하고 그의 백성을 돕는 것을 보고 있다. 천사의 세 번째 중요한 역할은 하나님의 전쟁을 돕는 것과 하나님의 심판을 집행하는 것이다. 이러한 활동은 앞에서 내가 언급한 '공격적인 천사'의 일이다. 천사들은 사탄과 싸우는 불 병사이며, 하나님을 배신한 사람들에 대한 하나님의 심판을 수행하며, 하나님의 백성을 위하여 이 세상 전쟁에서 싸움을 한다. 성경에는 하나님을 대신하여 싸우는 천사들의 기록들이 많이 있다. 예를 들어 소돔과 고모라가 심판을 받고 멸망을 당할 때 천사가 어떤 역할을 했는가를 읽을 수 있다(창세기 19장을 보라).

천사들은 이스라엘 백성이 애굽을 떠날 때 그들을 보호하고 지켜 주었다. 출애굽에 대하여 시편 기자는 "그의 맹렬한 노여움과 진노와 분노와 고난 곧 재앙의 천사들을 그들에게 내려 보내셨으며(시 78:49)"라고 기록하고 있다.

출애굽기 33장에서 하나님은 천사들에게 이스라엘 백성이 약속의 땅을 정복하도록 그들의 적들을 물리치라고 말씀하셨다.

> 여호와께서 모세에게 이르시되 너는 네가 애굽 땅에서 인도하여 낸 백성과 함께 여기를 떠나서 내가 아브라함과 이삭과 야곱에게 맹세하여 네 자손에게 주기로 한 그 땅으로 올라가라 내가 사자를 너보다 앞서 보내어 가나안 사람과 아모리 사람과 헷 사람과 브리스 사람과 히위 사람과 여부스 사람을 쫓아내고(출 33:1-2)

여호수아는 여리고로 싸움을 하기 위하여 올라갈 때 하나님의 하늘 군대 대장을 만났다.

> 여호수아가 여리고에 가까이 이르렀을 때에 눈을 들어 본즉 한 사람이 칼을 빼어 손에 들고 마주 서 있는지라 여호수아가 나아가서 그에게 묻되 너는 우리를 위하느냐 우리의 적들을 위하느냐 하니 그가 이르되 아니라 나는 여호와의 군대 대장으로 지금 왔느니라 하는지라 여호수아가 얼굴을 땅에 대고 엎드려 절하고 그에게 이르되 내 주여 종에게 무슨 말씀을 하려 하시나이까(수 5:13-14)

예루살렘에 있는 하나님의 백성을 도우러 온 천사 한 명이 하루 만에 막강한 앗수르 군사 18만 5천 명을 죽였다(열왕기하 19장 8-35절을 보라). 대제사장 미가엘과 다른 천사들이 악령과 사탄의 영들과 싸웠다(다니엘 10장 12-13절, 20-21절, 유다서 9장을 보라).

천사들은 하나님을 배반한 하나님의 백성을 징계하는 데 참여한다. 사무엘하 24장에서 하나님은 다윗이 하나님보다 자기 군사의 숫자를 의지하는 죄의 대가로 전염병을 내리기 위하여 천사를 보냈다. 마침내 7만 명의 사람이 죽자 하나님은 천사에게 "족하다 이제는 네 손을 거두라(삼하 24:16)"라고 명령하였다. 다윗은 실제로 심판을 담당하는 천사를 보았다. 역대상 21장에 기록된 무서운 광경을 보자.

> 다윗이 눈을 들어 보매 여호와의 천사가 천지 사이에 섰고 칼을 빼어 손에 들고 예루살렘 하늘을 향하여 편지라 다윗이 장로들과 더불어 굵은 베를 입고 얼굴을 땅에 대고 엎드려(대상 21:16)

하나님의 명령대로 다윗이 자신의 죄를 자복하고, 여호와를 위하여 제단을 쌓아 번제와 화목제를 드림으로써 전염병은 멈추었다(사무엘하 24장 17-25절을 보라).

하나님의 거룩한 천사들은 열정적으로 하나님께 영광을 드리며, 세상에서 하나님께 불순종하고 악을 행하는 자를 물리치기 위해 하나님을 대신하여 일한다. 이것은 마지막 날에 악을 물리치기 위하여 하나님을 돕는 천사들의 활동에 대한 전주곡이다.

마지막 심판에 참여하는 자

첫째, 천사들은 옛 하늘과 땅이 사라지고 새 하늘과 땅이 도래하는 마지막 때에 이 세상에 종말이 임하는 것에 동참한다. 무엇보다도 천사들은 예수님이 재림할 때 함께 온다.

> 주께서 호령과 천사장의 소리와 하나님의 나팔 소리로 친히 하늘로부터 강림하시리니 그리스도 안에서 죽은 자들이 먼저 일어나고(살전 4:16)

> 인자가 아버지의 영광으로 그 천사들과 함께 오리니 그 때에 각 사람이 행한 대로 갚으리라(마 16:27)

둘째, 천사들은 심판 날에 불순종한 자들을 추수한다. 예수님은 가라지 비유를 통하여 이것을 분명하게 말씀하셨다.

> 대답하여 이르시되 좋은 씨를 뿌리는 이는 인자요 밭은 세상이요 좋은 씨는 천국의 아들들이요 가라지는 악한 자의 아들들이요 가라지를 뿌린 원수는 마귀요 추수 때는 세상 끝이요 추수꾼은 천사들이니 그런즉 가라지를 거두어 불에 사르는 것 같이 세상 끝에도 그러하리라 인자가 그 천사들을 보내리니 그들이 그 나라에서 모든 넘어지게 하는 것과 또 불법을 행하는 자들을 거두어 내어 풀

무 불에 던져 넣으리니 거기서 울며 이를 갈게 되리라 그 때에 의인들은 자기 아버지 나라에서 해와 같이 빛나리라 귀 있는 자는 들으라(마 13:37-43)

셋째, 천사들은 영원한 생명을 누릴 의인들을 불러 모은다.

그가 큰 나팔소리와 함께 천사들을 보내리니 그들이 그의 택하신 자들을 하늘 이 끝에서 저 끝까지 사방에서 모으리라(마 24:31)

그 때에 인자가 구름을 타고 큰 권능과 영광으로 오는 것을 사람들이 보리라 또 그 때에 그가 천사들을 보내어 자기가 택하신 자들을 땅 끝으로부터 하늘 끝까지 사방에서 모으리라

(막 13:26-27)

예수님이 다시 오실 때 영광의 날이 도래하고, 천사를 통하여 영원히 하나님과 함께 살도록 우리를 불러 주시는 하나님의 역사를 보라! 천사들은 우리가 이 땅에 살 때 우리와 함께하듯이 우리가 죽을 때와 마지막 날에도 함께 할 것이다. 하나님은 진실로 그의 천사를 우리에게 보내셨다.

모든 천사들은 섬기는 영으로서 구원 받을 상속자들을 위하여 섬기라고 보내심이 아니냐(히 1:14)

하나님의 계시들

우리는 1부와 2부에서 하나님의 말씀을 통하여 천사의 본질과 역할을 살펴보았다. 3부에서는 내가 삶 속에서 하나님의 천사를 본 경험을 함께 나누고자 한다. 오늘도 하나님의 천사들은 그의 백성을 위해 계속 일하고 있다. 다시 말하지만 그들의 활동은 성경이 기록될 때에만 이루어진 것은 아니다. 우리가 하나님을 사랑하고 그의 뜻대로 산다면 이것이 당신과 나에게도 이루어질 것이다.

PART 3
천사에 대한 체험

서론

하나님은 내가 처음 목회자로 부름 받기 오래전에 그의 백성 가운데에서 일하는 천사를 보여 주었다. 나는 조카를 심방하기 위하여 퇴역군인 병원으로 가려고 차를 탔다. 그는 심각한 심장마비 증상을 보였고, 우리 교회는 그를 위하여 기도했다. '성령의 바람' 이 불더니 "내가 누구를 보내며 누가 우리를 위하여 갈꼬(사 6:8)" 라는 말씀이 펼쳐졌다.

하나님이 나에게 하시는 말씀임을 알고 울기 시작했다. 하나님이 나를 쓰시기 원하신다는 것을 진심으로 깨닫고, "하나님, 내가 가겠나이다. 나를 보내주소서." 라고 말했다.

퇴역군인 병원에서 나의 조카와 여러 환자를 위하여 기도하였다. 하나님이 창조의 기적을 이루듯이 나의 조카에게 새로운 동맥을 주셨다. 그는 20년 이상 더 살았다. 그날 이 기적으로 인하여 많은 사람이 주께로 돌아왔다. 진실로 성령이 나를 인도했던 것이다.

어느 날 바람 결에 계신 하나님을 발견하고 "아버지, 이 바람이 무엇입니까? 알기 원합니다."라고 간구했다. 하나님이 나의 눈을 밝혀주자 영광으로 가득 찬 수증기 같은 것을 보았다. 하나님의 말씀이 바람 속에서 들려왔다.

옛날에 아메리카 원주민들은 연기를 사용하여 서로 연락하였다. 하나님의 바람이 연기나 안개처럼 보이는 것을 통하여 말씀하고 있다는 것을 알게 되었다. 나는 바람 속에서 천사를 보았고, 천사들은 하나님의 말씀이 담겨 있는 두루마리 책을 가지고 있었다. 두루마리 책에는 하나님이 천사들에게 명령한 일들이 담겨 있었다.

나는 이러한 현시들을 예배 중에 확실하게 보기 시작했다. 나는 바람이 부는 것과 안개비 같은 것이 내리는 것을 느꼈고, 기적이 일어나고 있다는 것을 알게 되었다. 천사들이 두루마리 책이나 활, 또는 검을 가지고 성전에 들어오는 것을 보았다. 목사님이 말씀을 선포할 때, 천사들은 그를 호위하고 있었다. 나는 성령의 역사가 일어나는 것을 보았는데, 이러한 광경은 텔레비전에서 영화를 보는 것과 같이 생생했다.

오, 하나님의 바람이 역사하시는 것을 보기를 얼마나 갈

망하였는가! 하나님이 이러한 방법으로 역사하시는 것을 보는 것은 감격스러운 일이다. 나는 하나님의 천사가 하나님의 능력을 가지고 우리 마을과 교회, 가정에 들어오셔서 일하는 것을 믿는다. 다음 몇 장에서 하나님의 천사와 관련된 영적 영역에서 내가 본 것과 최근에 천사의 사역을 경험한 다른 사람의 이야기를 함께 나누고자 한다. 하나님이 그의 백성을 강하게 하고 위로하시며, 하나님이 그들과 함께 하고 계심을 알게 하기 위하여 이러한 계시를 주신 것으로 믿는다. 내가 사람들과 이러한 경험을 함께 나눌 때 그들은 힘을 얻었으며, 경험들을 읽을 때 축복이 임하였다. 하나님은 천사들을 통하여 우리를 인도하여 주시고 지켜주신다. 우리가 불확실하고 어지러운 세대에 살고 있더라도 하나님은 "돈을 사랑하지 말고 있는 바를 족한 줄로 알라 그가 친히 말씀하시기를 내가 결코 너희를 버리지 아니하고 너희를 떠나지 아니하리라 하셨느니라 그러므로 우리가 담대히 말하되 주는 나를 돕는 이시니 내가 무서워하지 아니하겠노라 사람이 내게 어찌하리요(히 13:5-6)"라는 진리의 말씀으로 우리를 위로하고 계신다.

하나님은 이러한 환상과 계시를 통하여, 하나님의 말씀이 우리의 삶 속에서 역사하시는 것, 성결, 치유, 심판, 중보기도, 구원의 능력 등과 같은 중요한 진리를 교회에 알려주신다고 믿는다. 우리는 마지막 날과 우리 주 예수 그리스도의 재림이 가까이 올수록 이러한 중요한 진리를 굳게 잡아야 한다. 하나님께 모든 영광과 찬양을 드린다!

6
천사와 보호

천사는 우리의 영적 수호자이다. 하나님이 자신이 보낸 천사를 통하여 영원히 우리를 보호하시고 보살피신다는 놀라운 사실을 모르는 사람은 우리 중에 한 사람도 없을 것이다. 하나님은 우리에게 약속하셨다.

> 네가 말하기를 여호와는 나의 피난처시라 하고 지존자를 너의 거처로 삼았으므로 화가 네게 미치지 못하며 재앙이 네 장막에 가까이 오지 못하리니 그가 너를 위하여 그의 천사들을 명령하사 네 모든 길에서 너를 지키게 하심이라 그들이 그들의 손으로 너를 붙들어 발이 돌에 부딪히지 아니하게 하리로다 네가 사자와 독사를 밟으며 젊은 사자와 뱀을 발로 누르리로다 하나님이 이르시되 그

가 나를 사랑한즉 내가 그를 건지리라 그가 내 이름을 안즉 내가 그를 높이리라 그가 내게 간구하리니 내가 그에게 응답하리라 그들이 환난 당할 때에 내가 그와 함께 하여 그를 건지고 영화롭게 하리라 내가 그를 장수하게 함으로 그를 만족하게 하며 나의 구원을 그에게 보이리라 하시도다(시 91:9-16)

하나님의 능력이 우리를 지켜주시며, 우리는 구주의 손안에서 안전하게 살아가는 것이 아닌가! 천사들은 계속되는 사탄의 공격으로부터 우리와 자녀를 지켜준다. 천사들이 하나님의 백성을 위하여 이러한 일을 한다는 것은 놀라운 일이다. 천사들은 우리가 생각하고 있는 것보다 더 많은 적으로부터 우리를 지켜주며 보호해 준다. 시편 91편은 우리에게 큰 위로를 주시는 말씀이다. 이제 우리는 하나님을 사랑하고 그의 이름을 인정하며 영화롭게 하자.

신체적 위험(상해)으로부터 우리를 보호한다

천사가 신체적 위험으로부터 내 가족을 보호하는 것을 경험하였다. 나의 아들은 오토바이로 직장에 출근한다. 오후 2시쯤 내가 집에서 기도하는 중에 갑자기 성령이 특별한 방법으로 중보기도 하도록 하셨으며, 나는 성령 안에서 간절히 기도하기 시작했다. 내가 무엇을 기도했는지 알 수 없었다. 5시쯤에 나의 아들이 마당에 오토바이를 세우더니 "엄마, 나를 위하여 기도하셨어요?"라고 물었다. 나는 "누군가를 위하여 기도했는데, 확실하게 누구인지는 모르겠구나. 단지 하나님이 중보기도 하도록 재촉하셨단다."라고 말했다.

"엄마, 맞아요. 약 1시간 30분 전에 50-60마일로 오토바이로 달리고 있었는데, 내가 코너를 돌려고 할 때 중형 트럭이 길을 가로질러서 나에게 오는 거예요. 그때 하나님이 나와 함께 하셨어요. 중형 트럭이 도는 순간, 트럭이 나를 덮치는구나 생각했지요. 내 오토바이가 트럭 밑으로 들어갔는데, 나는 상처 없이 길에 있는 거예요!"

나는 숨이 벅찬 가운데 "오!"라는 말만 하였다. 그는 "나에게 일어난 것은 고작 오토바이 유리가 깨진 것과 약간 상처만 입은 거예요. 무사했어요."라고 말했다. 나는 울면서 아들을 안고 하나님께 감사를 드렸다. 나는 매 순간 나의 사랑스러운 아들의 안전이 우리의 기도에 달렸다는 것을 알고 있다. 우리가 기도 중에 하나님께 나아간다면, 그분은 항상 우리와 함께 하신다. 하나님이 항상 우리의 자녀들에게 함께 하실 수 있도록 기도해야 한다. 내 가족의 안전을 위하여 천사들을 사용하시는 것을 알 때 기쁨이 넘쳤으며, 나의 아들을 지켜준 천사에게 감사한다. 하나님께 영광을 드리며, 그분의 의롭고 거룩한 이름을 찬양한다.

핍박으로부터 우리를 보호한다

천사들은 우리가 생각할 수 없는 방법과 예측하지 못한 일을 행한다. 우리는 천사들이 우리를 보호해 주는 것조차 모를 때가 있다. 빌리 그래함 목사가 그의 저서 「Angels」에 중국서점을 운영하면서 의료 선교를 하셨던 장인인 넬슨 벨 씨가 체험한 천사에 관한 이야기를 썼다.

> 일본이 중국 영토를 부분적으로 정복했던 1942년의 일이다. 아침 9시경에 5명의 군인과 책을 반쯤 실은 일본군 트럭이 서점 앞에 멈추었다. 그때 혼자 있었던 중국 기독교 서점의 지배인이었던 그는 일본군이 창고에 있는 책들을 몰수하기 위하여 왔다는 것을 알고 당황하였다. 그는 겁에 질려 어떻게 해 볼 수 없는 일이라고 생각했다.
>
> 군인들이 트럭에서 내려 서점으로 들어오려고 할 때, 정장 차림의 중국인 신사가 서점에 들어와 군인들 앞에 섰다. 지배인은 서점에 왔었던 중국인 손님들을 대부분 잘 알고 있는데, 이 사람은 전혀 낯선 사람이었다. 어떤 이유인지 몰라도 군인들이 서점에 들어오지 않고 4개의 큰 창문만 바라보고 있었다. 2시간 동안 서점 앞에 서 있었으며, 11시까지도 서점에 들어오지 않았다. 낯선 사람은 군인들이 무엇을 하고 있는 것이냐고 묻자, 지배인은 일본군인들이 시내

에 있는 서적에서 책을 압수하려고 한다고 설명하였다. 두 사람은 2시간 동안 함께 기도했으며, 낯선 사람은 지배인을 격려했다. 마침내 군인들은 트럭을 타고 가버렸다. 낯선 사람은 책을 구입도 하지 않고 떠났다.

후에 서점주인 크리스토퍼 윌리스가 돌아왔다. 지배인은 "주인님, 천사가 있다는 것을 믿으세요?"라고 물었다. "그럼 믿지."라고 윌리스는 대답했다. "윌리스씨 나도 믿어요." 낯선 사람은 우리를 보호하려고 하나님이 보낸 천사라고 벨씨는 지금도 생각하고 있다.

사역을 하는 우리를 보호한다

하나님은 복음 전파 사역을 하고 있는 그의 백성을 보호한다. 우리는 앞장에서 감옥에서 나온 사도들이 하나님의 말씀을 전파하는 것을 보았다. 천사들이 나의 사역을 지켜준다고 믿는다. 어린 아이가 예배 후에 나에게 와서 "목사님, 큰 천사가 당신 곁에 있는 것을 보았습니다. 천사가 당신 뒤에서 있었는데, 천장보다 키가 더 컸습니다."라고 말했다.

나는 30피트나 되는 천장을 바라보았다. 어린 아이는 계속해서 "그가 크더라도 천장 위에 있는 그의 머리를 보았습니다. 그는 팔짱을 끼고 있었으며, 무엇인가 결심한 얼굴이었습니다. 그는 불칼을 가지고 있었는데, 사탄이나 어떤 영적 존재가 당신을 공격하려고 할 때 칼을 뽑아 그들을 '소멸' 시키려는 것 같았습니다."라고 말했다.

어린 아이가 사용한 '소멸' 이라는 말은 우리가 알고 있는 단어로 "또 너희가 악인을 밟을 것이니 그들이 내가 정한 날에 너희 발바닥 밑에 재와 같으리라(말 4:3)"는 성경 말씀을 떠오르게 하였다.

원수로부터 우리를 보호한다

하나님은 우리가 연약하다고 느낄 때 우리를 보호하기 위하여 천사를 보내신다. 20세기 영적 지도자 코리 텐 붐은 나치 집단 수용소에서 자신이 당한 고통과 그리스도를 증거 한 일을 알리기 위하여 2차 세계 대전 후에 오랜 세월동안 세계 여러 곳에 전도여행을 다녔다. 하나님은 그녀의 기도를 들어주고자 천사를 보내어 어려운 상황에 개입하셨다. 그녀가 라벤스브러크 수용소에서 겪은 일을 그녀의 저서인 「Tramp for the Lord」에 다음과 같이 기록하였다.

> 초저녁에 베트세와 내가 수용 천막에 도착했을 때, 강한 천장 빛 아래서 놀라운 광경을 보았다. 군인들은 여자들의 옷

을 벗기고 그들을 창고로 끌고 갔다. 그들은 벗은 몸으로 여러 명의 감시를 받으며 샤워실로 들어갔다. 잠시 후 그들은 얇은 수용자 옷을 걸치고 신발을 신고 욕실에서 나왔다. 우리의 성경책을 어떻게 하라는 말인가! 그토록 많은 감시자 사이로 우리를 걷게 하실 겁니까? "오, 베트세!" 하면서 나는 겁에 질려 있는 그녀 앞에 섰다. 간수들이 걸어올 때, 나는 화장실을 보내달라고 애원했다. 그는 샤워실 방향으로 머리를 저으면서 "배수로를 사용해."라고 말을 던졌다. 겁을 먹은 베트세와 나는 줄에서 나와 여러 개의 덮개가 있는 큰 방으로 향했다. 그곳은 비어 있었다. 몇 분 후에 우리는 가지고 있었던 모든 것을 벗어 던졌다. 그리고 그때 우리는 바퀴벌레가 우글거리는 나무 의자들을 보았다. 그러나 그것은 우리에게는 하늘의 가구들이었다. 즉시 의자 뒤에서 가방 속에 있는 속옷을 꺼내어 입고 성경책을 옷 속에 감추었다.

물론 그때 나는 얇은 간수복을 입고 있었으며 성경을 옷 속에 감추었으나 볼록하게 표시가 났다. 이것은 내가 한 것이 아니라 하나님의 하신 일이었다. 입구에서 간수들은 모든 죄수를 사방에서 조사하고 있었다. 나는 "오, 주님, 당신 천사들을 보내어 나를 둘러싸 주소서."라고 기도했다. 천사들이 영적인 존재이지만, 그들을 볼 수 있다고 나는 믿는다. 나에게 절실히 필요한 것은 간수들이 나를 보지 못하도록 천사들이 나를 감추어 주는 것이었다. 나는 "주님, 당신의 천사들을 보내 주시기 원합니다."라고 기도했다. 당신이 위기를 당할 때만 할 수 있는 얼마나 비정상적인 기도인가! 그러나 하나님은 그렇게 생각하지 않으셨고, 내 기도에 응답해 주셨다.

내 앞에 있었던 여자와 내 뒤에 있었던 베트세는 조사를 받았다. 그러나 간수들은 나를 조사하기는커녕 바라보지도 않았다. 나를 그들의 시야에서 감추어 주신 것이다.

그리스도의 보혈이 우리를 보호한다

우리는 하나님의 보호를 구하기 위하려면 먼저 해야 할 것이 무엇인지를 깨달아야 한다. 그것은 그리스도 안에서 이루어지는 우리의 구원이 그분의 값진 보혈로 인한 것이라는 사실을 믿는 것이다. 우리가 사람들을 위하여 기도할 때, 하나님은 그리스도의 보혈이 사람들을 보호하고 있다는 것을 우리에게 알려주며, 우리는 "나는 그리스도의 보혈, 하나님의 언약으로 당신을 보호해 줍니다."라고 말할 수 있다. 하나님은 사람들이 하나님의 목적과 섭리를 알기를 원한다. 하나님은 당신과 나를 위하여 예수님을 잔혹한 십자가에 내어주셨으며, 이로 인하여 우리는 영원한 생명을 얻었다. 예수님은 우리 죄를 완전하게 씻어주시기 위하여 죽으셨다. 하나님은 십자가와 성도를 보호하고 있는 보혈의 언약이 얼마나 중요한 것인가를 나에게 보여 주었다.

우리가 보혈의 능력을 간구할 때, 예수께서 자신의 속죄 사역을 통하여 우리와 가족들을 보호하여 주심을 믿게 된다. 이럴 때, 천사들이 즉시 와서 우리를 감싸 주시고 보호하여 주신다. 우리는 보혈의 언약을 통하여 우리 가족과 우리 자신을 보호해 주는 울타리를 세울 수 있는 것이 아닌가!

나에게 주신 다른 계시가 있다. 내가 하나님 아버지, 성자 예수, 성령께 헌신하고자 결단할 때, "이것은 하나님의 영역에 속한 것이다."라는 음성을 들었다. 나는 영으로 천사들이 하늘로부터 내려와서 나의 사역 가운에 있는 것을 보았다. 영적 원수가 나를 공격할 때, 천사들은 나를 지원해 준다. 왜냐하면 내가 사역하고 있는 영토는 하나님께 헌신하는 곳이기 때문이다.

믿음의 눈으로 바라보자

성도들이여 기뻐하라! 사탄이 당신을 해치려 할 때, 하나님은 당신을 보호하기 위하여 천사를 보내신다.

그가 우리를 흑암의 권세에서 건져내사 그의 사랑의 아들의 나라로 옮기셨으니(골 1:13)

믿음의 눈을 들어 하나님이 당신 주변에 배치한 영적 수호자들을 보아라. 하나님을 신뢰하고 그의 이름을 부르자!

7
천사와 하나님의 말씀

성도가 하나님의 말씀을 믿고 주님을 증거할 때, 하나님은 기도에 응답하고, 돕고 그들을 구원하기 위하여 천사를 보내신다. 시편 91편을 기억하자.

> 하나님이 이르시되 그가 나를 사랑한즉 내가 그를 건지리라 그가 내 이름을 안즉 내가 그를 높이리라 그가 내게 간구하리니 내가 그에게 응답하리라 그들이 환난 당할 때에 내가 그와 함께 하여 그를 건지고 영화롭게 하리라(시 91:14-15)

당신이 계속해서 읽을 환상과 계시에 대한 내용은 우리가 하나님의 말씀을 확신하도록 천사가 돕는 것과 하나님을 믿고 그의 명령을 순종할 때 하나님이 우리를 어떻게 돕는가를 보여준다. 나는 앞장에서 하나님이 시내산에서 모세에게 십계명과 율법을 주는 일에 천사들이 참여한 것을 보았다. 성경은 이스라엘 백성에게 "너희는 천사가 전한 율법을 받고도 지키지 아니하였도다 하니라(행 7:53)", "그런즉 율법은 무엇이냐 범법하므로 더하여진 것이라 천사들을 통하여 한 중보자의 손으로 베푸신 것인데 약속하신 자손이 오시기까지 있을 것이라(갈 3:19)"라고 말씀하고 있다. 성경은 천사들이 하나님의 말씀을 거룩하게 하고 말씀을 하나님의 백성에게 전달하는데 특별한 역할을 담당하고 있는 것을 보여준다. 또한 천사들은 우리가 하나님의 말씀을 잘 이해하도록 돕는다.

하나님의 말씀은 진리이다

어느 날, 나는 멀리 놓여 있는 큰 하얀 탁자의 환상을 보았다. 크기가 6피트, 12피트인 탁자가 공중에 떠 있었다. 사람들이 탁자 주위에 서 있었으며, 탁자는 사람들의 키보다 높았기 때문에 몇 사람은 까치발을 하고 있었다. 또 다른 사람들은 높은 의자에 앉아서 탁자를 바라고 있었다. 그러나 그들은 서로 말을 주고받지 않았다.

내가 그들에게 가까이 갔을 때 천사들이 그들 뒤에 있는 것을 보았으며, 더 가까이 가자 탁자 위에 성경이 펼쳐 있는 뚜렷한 환상을 갑자기 보게 되었다. 거대한 성경은 살아 있는 하나님의 말씀을 보여 주었다. 구주께서 나에게 그것을 보고 있는 사람들이 성경 말씀의 의미를 다르게 갖고 있다고 설명하셨다. 한 사람이 이렇게 말하고 다른 사람들은 저렇게 말하였다.

그들은 성경에 관하여 강한 호기심을 가지고 있었으며, 성경을 보고 기뻐하였다. 그들이 가지고 있는 가장 큰 의문점은 말씀 안에 기록된 일들에 관한 것이며, 이 일에 대한 대답을 찾고자 하였다. 그들 뒤에 서 있는 천사들은 그들이 진리를 발견하도록 인도하는 것 같았다. 그러나 나에게 보여준 환상은 하나님의 말씀과 그 뜻이 사실이라는 것을 제시해 준 것이다. 우리는 하나님의 말씀을 변경시키거나 다른 것으로 대체할 수 없다.

불의 제단들(강단들)

나는 예배 중에 천사들이 큰 책에 글을 쓰는 것을 보았다. 가끔 천사들이 개인들 옆에 서는 경우도 있지만, 하나님의 말씀을 선포하는 목회자 옆에 서서 그가 설교하는 말을 기록하기도 한다. 나는 목회자의 가슴에 성경이 놓여 있는 환상을 보기도 하였다. 나는 하나님의 말씀, 펼쳐진 성경이 그의 심령 속에 있다는 것을 의미한다고 믿는다.

나는 지난 몇 년간 설교를 하였던 곳에서 더럽고 부정하게 보였던 사람들과 제단에 하나님의 불이 임하는 영적 세계를 보았다. 불이 가득한 제단 뒤에 하나님의 거룩한 남녀들이 있는 것을 발견하였다. 그들은 하나님을 존귀하고 거룩하게 섬기며, "모든 것을 품위 있게 하고 질서 있게 하라(고전 14:40)"는 말씀을 실천하고자 하는 자들이었다. 또한 이들은 그들의 행위가 하나님을 거역하는 것이 아닌가 하는 거룩한 두려움과 하나님의 영광을 해치거나 하나님의 뜻을 왜곡하는 것은 아닌지 두려워하고 있었다. 이들은 그리스도의 사랑을 진실로 보여주고 있었으며, 하나님의 종이 자신들과 함께하고 있는 것에 놀라워하고 있었다. 그들은 서로 돌보며 격려하였다.

제단 위에 있는 하나님의 불을 볼 때마다, 천사가 제단을 만지면서 하나님을 경배하는 것을 보았다. 또한 그들이 구주를 찬양하듯이 하늘을 향해 손을 드는 것을 보았다.

나는 천사들이 15피트 되는 거대한 십자가를 짊어지고 교회에 들어오는 것을 보았다. 그들은 불타는 것처럼 보이는 제단 앞으로 큰 웅덩이를 파고 십자가를 세웠다. 십자가는 견고했으나, 불이 십자가 양끝과 위를 태웠다. 이러한 환상을 여러 번 보았는데, 그때마다 큰 구원의 역사가 일어났다. 놀랍게도 많은 사람이 제단으로 나와서 구원을 받는 신비로운 광경이 펼쳐졌다.

나는 내가 본 것에 대하여 "하나님, 이 모든 것이 무엇입니까? 하나님의 거룩한 말씀 속에서 이것이 의미하는 것이 무엇입니까?" 라고 물었다. 하나님은 나에게 다음과 같이 말씀하셨다.

> "네가 본 불이 임한 하나님의 제단은 나의 진리의 말씀이 선포되는 제단임을 보여준다. 거룩하고 기름 부음 받은 목회자는 하나님의 말씀과 네가 본 십자가로 양들이 성결하게 되도록 한다. 이를 위하여 내가 그곳에 십자가를 세웠고, 성령님이 구원의 목표가 이루어지고 하나님의 말씀이 성취되도록 그들과 함께 하신다. 또한 이것은 목회자들이 영원하고 강한 십자가의 능력으로 순전하고 거룩한 하나님의 말씀을 선포하는 것을 의미한다."

나는 영화를 보는 것 같이 생생하게 천사들이 이 땅 위에서 역사하는 것을 보았다. 많은 곳에서 천사들이 청소부처럼 와서 악의 권세자들을 교회 밖으로 쓸어내는 것과 사람들을 묶었던 사슬을 끊고 자유롭게 해 주는 것을 보았다. 천사들이 하나님을 위하여 영적 세계에서 하고 있는 일을 보는 것은 매우 신비롭다. 이러한 일이 일어나는 것을 보는 것은 매우 놀라운 것이지만, 모든 교회와 집회에서 일어나지는 않는다.

심령의 제단

나는 친구 설교자들과 함께 선교여행을 하면서 예언의 은사를 선물로 받았다. 우리는 작은 동네에 있는 모텔에서 머물렀다. 그녀는 갑자기 잠들었고, 나는 하나님을 보기 시작했다. 불처럼 주님의 영광이 방안에 충만하였고, 나는 침대에서 일어났다. 갑자기 사람들이 구약시대 때 세웠던 돌 제단 같은 것을 보았으며, 그곳에서 희생제물이 드려지고 있었다.

제단은 공중에 2피트 떠있었으며, 계속 불타고 있었다. 불꽃이 방에 가득했으나 방이 불타지는 않았다. 침대에서 나와 제단을 바라보았을 때, 하나님의 현존을 보았다. 하나님은 책들을 펼치시면서 나에게 말씀하셨다.

> "나의 아들아, 내가 나의 비밀을 보여주려고 꿈과 환상과 계시 속에서 너를 불렀고 선택하였다. 나는 너에게 하늘을 보여 주었다. 또한 사람들이 지옥으로 갈 때 일어날 일을 보여 주었다. 세상 끝날에 이 일이 일어날 것인데, 아직은 복음이 세상 끝까지 전파되지 않았다. 이들은 사람들에게

> 진리를 말하지 않으며, 제단을 더럽히고 있다. 나는 제단을 재건하도록 너를 지명하여 불렀다. '여호와께서 이와 같이 말씀하시되 너희는 길에 서서 보며 옛적 길 곧 선한 길이 어디인지 알아보고 그리로 가라 너희 심령이 평강을 얻으리라 하나 그들의 대답이 우리는 그리로 가지 않겠노라 하였으며(렘 6:16)' 너는 옛적 방법과 길을 재건하라. 너는 하나님의 제단을 재건하라."

하나님이 나에게 말씀하시는 동안 그분의 모습은 계속 불타고 있었는데, 그때 나는 '하나님의 제단은 불타지 않으며 결코 무너지지 않는다. 사악한 제단은 무너져 흉측한 몰타르나 벽돌로 변화하고 마침내는 산산조각 부서져서 가루가 될 것이다.' 라고 생각했다.

하나님은 심령의 제단에 대하여 말씀하기 시작하였다. 사람들은 교회에 와서 무릎을 꿇고 자신들을 위하여 하나님을 찾을 때, "하나님, 제가 제단 앞에 나왔습니다. 주님, 나는 문제를 가지고 있습니다. 또한 나는 죄인이며, 죄를 범하였습니다."라고 회개하였다. 이때 하나님은 나에게 다음과 같이 말씀하셨다.

> "그들이 나의 제단에서 마음을 온전히 드리려면 그들 자신이 제단이 되어야 한다. 이것이 마음의 제단이다. 나는 먼

저 마음 안에 있는 제단에서 우상과 악한 궤사와 사탄의 계략을 깨끗이 씻겨내기를 원한다. 진리와 의는 함께 하기 때문에 진리 가운데서 나를 찾기를 원한다. 나는 나의 아들 예수 그리스도를 통하여 그들에게 자유를 준다. 그들이 나에게 진실을 고백하고 나와 새 언약을 맺을 때, 나의 불, 나의 영, 나의 말씀으로 그들 속에 있는 찌꺼기들을 씻을 것이다. 나의 아들 예수 그리스도의 이름으로 구원이 임함에 따라 그들은 기쁨과 행복을 느낄 것이다. 그들이 육체적 제단에서 벗어날 때, 새로운 제단을 쌓을 것이다. 네가 전 세계에 다니면서 지옥, 하나님의 심판, 하나님의 불, 지옥에 갈 때 일어날 일들을 말할 때, 심령의 제단에 관한 나의 말은 그들이 나와 자신의 영혼에게 신실해야 한다는 것을 이해하는 데 도움이 될 것이다. 아들아, 많은 사람은 이 진리를 배우지 못하였다. 그들은 들을 귀는 가지고 있으나 듣지 못하였으며, 볼 수 있는 눈은 있으나 보지 못하였다. 그러나 너에게 계시, 비밀, 지혜, 진리를 명확하게 주었다. 성경은 내가 너에게 준 계시들이 진리임을 지지해 줄 것이며, 이러한 성경 말씀은 세상 사람에게 매우 중요하다. 하나님의 말씀은 살아 역사하고 있으며, 천사들은 많은 사람 에게 능력과 격려를 줄 것이다."

성경에서 백성이 회개하고 그들의 삶 속에서 더러운 제단을 허물기를 원하시는 하나님을 볼 수 있다. 이것이 내가 본 환상의 정확한 의미라는 것을 이해하기 시작했다. 하나님은 진리를 가르치고 우상의 제단을 헐게 하려고 그의 백성을 부르셨다.

이것이 하나님이 모든 목회자에게 바라시는 목적이다. 모든 사역자는 이것을 위하여 부름 받았기 때문에 하나님과 그의 말씀에 순종하고, 올바른 방법으로 하나님의 심판을 말하며, 신실하게 회개하고 하나님께 돌아오기를 선포해야 한다. 나는 하나님의 의도가 이 책에서 이루어지기를 기도한다.

말씀의 능력

선교여행 중에 나를 놀라게 한 또 다른 일이 있었다. 나는 진실한 하나님의 선지자를 보았으며, 화염이 그를 덮고 있었다. 나는 그의 심령 속에 말씀이 기록된 성경의 형상을 보았다. 천사는 그의 어깨에서 선지자에게 불을 붓고 있었다. 불은 그의 심령 속에서 말씀으로 다가오고 그는 예언하기 시작했다. 말씀이 그의 입에서 나오자 검으로 변화되었다(에베소서 6장 17절, 히브리서 4장 12절을 보라). 검 속에 하나님의 말씀이 기록되었다.

하나님의 선지자가 청중들에게 말씀을 쏟아 부으실 때,

청중들의 심령은 살아 움직였고 성령으로 충만해 있었다. 하나님은 나에게 그의 말이 이루어지고 기적이 일어나는 것을 보여주셨다.

선지자의 모든 말이 청중들을 사로잡았다. 진리와 의가 함께 역사하자 이적이 일어나기 시작한 것이다. 천사들의 주위에 나타나 사람들에게 감동을 주기 시작하자, 사람들은 하나님의 능력 아래 무릎을 꿇었다.

나는 검은 점을 지닌 몇 사람을 보았다. 천사들은 고통받는 이들에게 능력으로 검은 점 위에 불을 놓자, 그들의 병이 불타버렸다. 사람들은 치유되었으며, '성령의 매임' 을 받았다. 이러한 경험을 통하여, 성령의 은사에 대하여 하나님이 계시해 준 고린도전서의 말씀을 이해하게 되었다(고린도전서 12장을 보라).

하나님의 역사를 보는 것은 최고의 기쁨이다. 전능하신 하나님과 천사들의 역사를 보는 것은 즐겁고 유쾌한 일이다. 말씀과 성령은 하나님이 선택한 목회자들과 한배를 타고 계신다.

내가 오하이오에서 예배를 드릴 때, 어떤 사람이 살아 있는 하나님의 말씀을 전하는 나를 사진 찍었다. 나는 우리가 모두 하나님의 말씀을 믿고, 죄를 회개하고, 하나님께 돌아가야 하며, 우리가 죄를 범하였더라고 예수님의 보혈이 깨끗하게 씻어주시는 것을 믿어야 한다는 말씀을 전했다.

사진 중의 하나가 현상 되었을 때, 사진 속에서 펼쳐진 큰 책의 형상을 보았다. 그것은 10피트 이상 큰 것 같았다. 순백의 책은 집회에 모인 사람들 머리 위에 놓여 있었다. 나는 이것이 살아있는 하나님의 말씀을 상징한다는 것을 알았다.

하나님의 역사를 증거 하는 자로서 우리는 하나님께 영광을 드리고 그를 찬양하며, 하나님의 말씀이 계속해서 이루어지고 있다는 것을 인정해야 한다.

말씀과 구원

나는 구원받지 못한 가족들을 위하여 주님께 기도한 적이 있었다. 아마 당신도 주님을 만나지 못한 가족이 있어서 그들의 영혼을 걱정하고 있을 것이다. 내가 하나님께 간구하고 있을 때, 나에게 특별한 계시를 주셨다.

나는 거룩한 책을 보게 되었다. 천사가 그 책을 열어서 펼치더니 기록된 하나님의 말씀을 보여 주었다. 안개와 같은 것과 함께 불이 책에서 나왔다. 그것은 마치 영광과 능력이 혼합되어 희고 붉은 불이 깜박이는 것 같이 보였다. 나는 이것이 살아 있는 하나님의 말씀을 의미한다는 것을 알게 되었다.

나는 이러한 계시의 목적이 하나님이 성경에서 하신 말씀, 즉 그가 성취하려고 하는 것을 전달하는 데 있다고 나는 믿는다. 그분은 우리에게 "네 모든 자녀는 여호와의 교훈을 받을 것이니 네 자녀에게는 큰 평안이 있을 것이며(사 54:13)"라고 약속하셨다.

하나님은 "곧 너를 사랑하시고 복을 주사 너를 번성하게 하시되 네게 주리라고 네 조상들에게 맹세하신 땅에서 네 소생에게 은혜를 베푸시며 네 토지 소산과 곡식과 포도주와 기름을 풍성하게 하시고 네 소와 양을 번식하게 하시리니(신 7:13)"라고 말씀하셨다. 이것이 나의 복의 근원 되시는 하나님이 하시는 확실한 일이 아닌가! 하나님이 사랑하는 자를 구원하신다는 것을 굳게 믿고 그에게 영광을 돌려야 한다.

사탄을 이기는 말씀의 능력

나는 사탄의 권세자들과 악한 영이 천사와 싸우는 환상을 본 적이 있다. 천사가 항상 승리하는 이유는 하나님의 말씀을 사용하기 때문이다. 하나님의 말씀은 '성령의 검(엡 6:17)'이며, 원수를 물리치는 무기이다. 예수님이 광야에서 사탄에게 시험을 받을 때 진리의 성경 말씀을 인용한 것을 기억하라. 사탄은 더 이상 시험할 빌미를 잡지 못하고 예수님을 떠났다.

다음은 하나님이 사탄을 이기는 말씀의 능력을 나에게 가르치기 위하여 경험하게 한 것들이다. 나는 동료와 함께 기독교인 모임에 참석하기 위하여 마이애미로 갔다. 나는 악의 세력이 그 지역의 일부를 장악하고 있는 것을 느꼈고, 이로 인하여 매우 슬펐다. 악의 세력이 저녁을 먹을 때와 밤중에 기승을 부렸다. 나는 '하나님의 능력이 이 모임 가운데 강하게 역사하시는 데, 왜 우리는 이런 악의 억압을 느껴야 하는지?' 라는 의문을 가졌다.

나와 같은 방을 쓰기로 계획된 여성이 모임에 참석했는데, 무슨 이유인지는 몰라도 그녀는 나와 방을 같이 쓰지 않았다. 어느 날 저녁에 그녀가 나에게 와서 "나는 마녀입니다. 기독인처럼 행동하면서 이 모임에 참석하였습니다. 그리고 기독교인들이 무엇을 하는지를 발견하게 되었습니다. 나는 이 집회를 마녀의 집회로 만들기를 원하며, 우리는 이러한 분위기와 반대되는 마녀의 마법을 사용하여 당신들이 하는 일을 방해하려고 하였습니다."라고 말하였다. 나는 "오, 정말입니까?"라고 말하고 난 후에 하나님의 말씀을 인용하여 그녀에게 말하기 시작했다. 나는 "부인, 들어보세요. 당신은 결코 나와 이 모임에게 해를 줄 수 없습니다. 하나님이 우리를 위하시면 누가 우리를 대적하리요?(롬 8:31)"라고 말하였다.

그녀는 나에게 화를 내면서 폭풍우처럼 도망가 버렸다. 나는 그녀가 나의 방에 머물지 않도록 해 주신 하나님께 감사했다. 나는 혼자 방에서 명상을 하였으며, 이 마을을 억압하고 있는 세력을 더 깊이 이해하게 되었다.

집으로 돌아오는 길에 자동차로 여행을 하였고, 나는 뒷좌석에 앉았다. 잠깐 쉬면서 내가 경험한 상황에 대하여 기도하기 시작했다. 하늘을 바라보자 영광이 임했으며, 주님의 위대한 환상을 보았다. 하나님은 눈부시게 하얀빛 가운데 있었으며, 사방에 영광과 능력이 가득했다. 하얀빛은 순결 즉, 순전하시고 거룩한 하나님을 상징하는 것이다.

나는 하나님이 하늘에서 내려오셔서 공중에 있으면서 오른손을 내리는 것을 보았다. 그의 손마디에서 전에 보지 못했던 능력을 보았으며, 이 능력이 불로 변화되었다. 하나님은 나에게 "나는 이 불과 말씀으로 사탄의 역사를 멸절시킬 것이며, 나의 자녀를 위하여 하늘에서 내려와 싸울 것이다."라고 말씀하셨다. 나는 큰 소리로 주님을 찬양하였다. 하나님은 나에게 다음과 같이 말씀하셨다.

> "아들아, 네가 기도할 때에 사탄의 역사는 화를 받을 것이다. 하나님의 백성과 일에 대항하는 악한 계략과 사탄의 궤계와 악의 역사가 있다. 나는 네가 그들의 영혼이 구원받도록 기도하기를 원한다. 내가 그들에게 자비를 베풀어 구원해 주기를 간구하라. 나의 말씀 위에 서라. 나의 힘과 능력이 그것을 이루리라. 나를 믿으라, 내가 불을 보내어 악한

무리를 너의 발아래 재가 되게 하리라(말 4:3 보라)."

나는 하나님을 더 높이 찬양하였다. 하나님께 감사하며 기뻐했다. 나는 천군들이 깃발과 십자가를 가지고 하늘에서 내려오는 것을 보았다. 그들은 십자가를 세우고 온 땅이 주께 돌아오라고 외쳤다.

하나님의 말씀은 항상 성취된다

나는 천사들이 거대하고 완전하며, 열려 있는 성경인 하나님의 말씀을 붙잡고 있는 환상을 보았다. 불이 그곳에서 나오는 데 얼마나 크고 아름다운지! 페이지마다 '하나님의 말씀' 이라는 큰 글씨가 불 가운데 기록되어 있었다. 한 페이지는 능력이 그곳에서 나오는 것처럼 보이는 그림으로 변하였다. 여러 페이지가 길게 뻗어 큰 나팔로 변화하였다. 나는 나팔에서 능력과 영광과 존귀가 나오는 것을 보았다. 나는 이것이 살아있는 하나님의 말씀을 의미한다는 것을 알았다. 나는 "오, 하나님, 당신은 위대하십니다! 당신은 말씀입니다."라고 생각했다.

이러한 환상을 통하여 하나님은 나에게 "너희는 시온에서 나팔을 불어(욜 2:15)", "크게 외치라 목소리를 아끼지 말라 네 목소리를 나팔 같이 높여 내 백성에게 그들의 허물을, 야곱의 집에 그들의 죄를 알리라(사 58:1)"라고 말씀하셨다. 하나님의 말씀을 통하여 백성이 하나님께 돌아올 것이라는 것을 알았다.

나는 여러 번 성령 안에서 펼쳐진 큰 책을 보았는데, 이 책 속에서 하나님의 말씀이 역사하고 있었다. 말씀은 항상 성취되었으며, 진실로 우리 하나님의 말씀이 거대한 능력을 가지고 있는 것을 알게 되었다.

> 나는 여호와라 내가 말하리니 내가 하는 말이 다시는 더디지 아니하고 응하리라 반역하는 족속이여 내가 너희 생전에 말하고 이루리라 나 주 여호와의 말이니라 하셨다 하라(겔 12:25)

> 하나님의 말씀은 살아 있고 활력이 있어 좌우에 날선 어떤 검보다도 예리하여 혼과 영과 및 관절과 골수를 찔러 쪼개기까지 하며 또 마음의 생각과 뜻을 판단하나니(히 4:12)

우리는 하나님 말씀의 능력을 깨닫지 못할 때가 있다. 하나님은 '그의 능력의 말씀(히 1:3)'으로 많은 일을 성취하시기를 원하신다. 천사들이 한 것처럼 우리도 하나님의 말씀을 존귀하게 여기고, 믿고 순종해야 한다. 이럴 때 말씀이 우리의 삶 가운데에서 역사하신다.

8
천사와 하나님의 불

최근에 나는 성령의 불을 더 자세히 알고자 하나님께 간구했다. 나는 성령의 불이 그의 백성을 부흥시키고 성결케 하며, 치유하고 하나님을 대적하는 자를 심판하는 불인 것을 알게 되었다.

> 나는 너희로 회개하게 하기 위하여 물로 세례를 베풀거니와 내 뒤에 오시는 이는 나보다 능력이 많으시니 나는 그의 신을 들기도 감당하지 못하겠노라 그는 성령과 불로 너희에게 세례를 베푸실 것이요 손에 키를 들고 자기의 타작 마당을 정하게 하사 알곡은 모아 곳간에 들이고 쭉정이는 꺼지지 않는 불에 태우시리라
>
> (마 3:11-12)

부흥, 성결, 치유의 불

요엘 선지자는 성령 세례를 다음과 같이 예언하였다.

> 그런즉 내가 이스라엘 가운데에 있어 너희 하나님 여호와가 되고 다른 이가 없는 줄을 너희가 알 것이라 내 백성이 영원히 수치를 당하지 아니하리로다 그 후에 내가 내 영을 만민에게 부어 주리니 너희 자녀들이 장래 일을 말할 것이며 너희 늙은이는 꿈을 꾸며 너희 젊은이는 이상을 볼 것이며 그 때에 내가 또 내 영을 남종과 여종에게 부어 줄 것이며 누구든지 여호와의 이름을 부르는 자는 구원을 얻으리니 이는 나 여호와의 말대로 시온 산과 예루살렘에서 피할 자가 있을 것임이요 남은 자 중에 나 여호와의 부름을 받을 자가 있을 것임이니라(욜 2:27-29,32)

이 예언은 오순절에 예수님을 따르는 자들이 성령 세례를 받을 때 성취되었으며, 각 사람에게 '불의 혀'가 임하였다.

> 오순절 날이 이미 이르매 그들이 다같이 한 곳에 모였더니 홀연히 하늘로부터 급하고 강한 바람 같은 소리가 있어 그들이 앉은 온 집에 가득하며 마치 불의 혀처럼 갈라지는 것들이 그들에게 보여 각 사람 위에 하나씩 임하여 있더니 그들이 다 성령의 충만함을 받고 성령이 말하게 하심을 따라 다른 언어들로 말하기를 시작하

니라(행 2:1-4)

나는 천사가 성령의 불과 연관된 계시와 환상을 보았다. 나는 한 손에는 두루마리, 한 손에는 불 그릇을 갖고 하늘을 나는 큰 천사를 보았다. 그가 나에게 내려와 "하나님은 그의 자녀를 깨끗하고 정결하게 하려고 불을 내리시기를 원하신다."라고 말하였다. 나는 '영광의 하나님, 할렐루야!' 라고 속으로 외치면서 "하나님, 불을 내려 주심에 감사드립니다. 아버지, 성령의 불로 우리를 깨끗하고 정결하게 하옵소서." 라고 기도했다.

하나님은 그의 자녀를 정결하게 하려고 그의 불을 주셨으며, 하나님을 따르는 자들의 묵은 누룩(죄와 불순종)은 사라졌다.

너희는 누룩 없는 자인데 새 덩어리가 되기 위하여 묵은 누룩을 내버리라 우리의 유월절 양 곧 그리스도께서 희생되셨느니라 이러므로 우리가 명절을 지키되 묵은 누룩으로도 말고 악하고 악의에 찬 누룩으로도 말고 누룩이 없이 오직 순전함과 진실함의 떡으로 하자(고전 5:7-8)

천사의 사역에 대하여 이야기할 때 하나님은 나의 영안을 열어 주셨으며, 내가 경험한 천사의 사역을 더 깊이 이해하게 되었다. 나는 하나님의 불을 가지고 세상에 온 천사들을 보았다. 그는 불을 하나님을 찾는 자 앞에 놓았다.

어느 날 밤, 내가 여성 모임에서 설교를 하였는데, 공항으로 떠나려고 20분 내에 설교를 마쳐야 했다. 갑자기 하나님은 나에게 모임에 참석한 7명의 여성에 대한 환상을 주셨다. 그들이 해골 모양처럼 변화하였고, 지옥이 그들 밑에 있는 것을 보았다. 나는 "기도 합시다."라고 모인 사람들에게 말하고, 일어나서 하나님께 간절히 기도했다. 그리고 구원받은 여성들은 제단으로 달려갔다. 이것은 내가 떠나기 전 20분 전에 일어난 일이며, 내가 떠난 후에도 그들은 계속해서 집회를 진행했다.

그 후에도 나는 하나님의 불을 자주 보았다. 하나님의 불이 예배 중에 각 사람에게 임하였으며, 전능하신 하나님의 불이 암과 같은 병과 연약한 부분을 태웠다. 나는 가끔 "나는 뜨거운 것을 체험 하였습니다."라고 이야기한다. 나는 성령의 불에 대하여 더 많은 것을 이해하려고 노력하고 있다.

심판의 불

나는 성결하게 하고 치유하는 하나님의 불이 동시에 심판의 불인 것을 알고 있다. 우리는 5장에서 하나님이 세상을 심판할 때, 천사가 하는 역할에 대하여 읽었다. 구약에서 하나님은 불을 보내겠다고 아모스를 통하여 선포하셨다. "내가 가사 성에 불을 보내리니 그 궁궐들을 사르리라(암 1:7)" "내가 두로 성에 불을 보내리니 그 궁궐들을 사르리라(암 1:10)" "내가 데만에 불을 보내리니 보스라의 궁궐들을 사르리라(암 1:12)" "주 여호와께서 또 내게 보이신 것이 이러하니라 주 여호와께서 명령하여 불로 징벌하게 하시니 불이 큰 바다를 삼키고 육지까지 먹으려 하는지라(암 7:4)"

우리에게 기쁨과 평화와 치료를 가져다 준 성결케 하는 바로 그 불이 악한 자들을 징계하고 심판한다. 하늘로부터 온 이 불은 목적을 확실하게 성취한다. 우리는 이 진리를 향해 나아가야 한다.

나는 기도 중에 불의 줄 같은 것을 보았는데, 천사는 그것을 측량하는 데 사용하였다. 이것은 나에게 아모스 선지자의 말씀을 떠오르게 했다.

> 또 내게 보이신 것이 이러하니라 다림줄을 가지고 쌓은 담 곁에 주께서 손에 다림줄을 잡고 서셨더니 여호와께서 내게 이르시되 아모스야 네가 무엇을 보느냐 내가 대답하되 다림줄이니이다 주께서 이르시되 내가 다림줄을 내 백성 이스라엘 가운데 두고 다시는 용서하지 아니하리니(암 7:7-8)

다림줄은 하나님께서 이스라엘 백성이 영적으로 올바르게 서 있는가를 측량하는 상징적인 도구이다. 나는 하나님의 심판이 오늘날에도 임하고 있다는 것과 의인과 악인을 구별하려고 하나님께서 다림줄을 사용하신다는 것을 믿는다. 따라서 우리는 전심으로 하나님을 섬겨야 한다. 하나님은 "나는 정의를 측량줄로 삼고 공의를 저울추로 삼으니 우박이 거짓의 피난처를 소탕하며 물이 그 숨는 곳에 넘칠 것인즉(사 28:17)" 이라고 말씀하셨다.

심판은 오랫동안 계속됐으며, 하나님은 백성이 늦기 전에 자기에게 돌아오기를 원하시고 있다. 당신의 영혼은 하나님 앞에서 어떻게 측량되고 있는가? 때때로 사탄은 우리가 이러한 진리를 듣지 못하도록 영혼을 혼미하게 만든다. 우리의 생명은 구주 예수 그리스도와 그의 의를 믿을 때에만 올바르고 거룩한 것으로 측량된다. 그리스도의 의는 십자가의 죽으심으로 우리에게 주신 사죄의 은총이다. 우리는 믿음과 순종으로 그의 의에 머물러야 한다.

우리는 하나님이 불로 우리 죄를 소멸시키시고, 거룩한 말씀으로 정결하게 하시도록 간구해야 한다. 나는 기도 중에 하나님의 천사가 불이 가득한 다림줄을 사용하는 것을 보았다. 우리는 구주의 재림을 준비해야 한다.

은혜 받을 기회

나는 예수 그리스도의 복음과 그의 뜻을 전하는 신자들이 간음과 여러 죄를 범하는 것을 보아왔다. 하나님은 그들에게 회개할 시간, 즉 용서의 은혜를 받을 기회를 주었다.

유죄판결이 부정한 그들의 심령을 압박하고 있는데도 그들이 계속 저항한다면 그들의 심령은 더욱 완악하게 될 것이다. 처음에는 그들이 하나님의 영광으로 둘러싸여 있었으며, 그들을 보호하는 요새 같은 하나님의 불이 그들 가운데 있었다. 그러나 그들이 죄와 거짓에 빠졌을 때, 하나님의 보호와 기름 부음에서 벗어나고, 곧이어 사탄의 필사적인 공격으로 타락하게 되었다. 그들의 심령이 거짓과 죄로 가득해졌다.

하나님은 계속해서 그들에게 은혜를 베풀고자 자기 쪽으로 인도하고 계신다. 하나님은 용서해 주기 위하여 계속 그들을 부르시고 있으며, 그들이 회개하고 자기에게 돌아오기를 간절히 원하신다. 감사하게도 많은 사람이 회개하고 하나님께 돌아와 진실로 기름 부음을 받았다.

나는 하나님이 지옥에 대한 계시를 주신 목적이 있다고 믿는다. 그것은 사람들의 영안을 열어 하나님의 빛으로 나아가게 하기 위해서였다. 만약 그들이 계속 죄를 범하고 그리스도를 거부한다면, 죽어서 지옥으로 갈 것이다.

예수님은 죄와 영원한 형벌에서 우리를 구원하려고 이 땅에 오셨다. 성도들에게 내가 말하고자 하는 것은 우리를 사랑하시고 보호해 주시는 전능하신 하나님을 진실로 섬기자는 것이다.

당신은 무엇을 선택할 것인가?

하나님의 불은 부흥과 심판을 위한 것이다. 하나님은 이 불로 그의 백성을 소생시키기도 하고 부흥시키기도 하지만, 악한 자를 심판하기도 한다. 당신은 하나님의 불 중 어떤 것을 선택할 것인가? 하나님이 사랑과 진리 안에서 당신을 정결하게 하고 부흥시키시도록 간구하라.

> 그들이 우리에 대하여 스스로 말하기를 우리가 어떻게 너희 가운데에 들어갔는지와 너희가 어떻게 우상을 버리고 하나님께로 돌아와서 살아 계시고 참되신 하나님을 섬기는지와 또 죽은 자들 가운데서 다시 살리신 그의 아들이 하늘로부터 강림하실 것을 너희가 어떻게 기다리는지를 말하니 이는 장래의 노하심에서 우리를 건지시는 예수시니라(살전 1:9-10)

9
천사와 구원

우리가 위험과 환난 중에 있을 때, 하나님은 우리에게 "환난 날에 나를 부르라 내가 너를 건지리니 네가 나를 영화롭게 하리로다(시 50:15)"라는 말씀으로 힘을 주신다. '환난 날'에 하나님을 찾고 몇 시간 동안 성령 안에서 기도할 때, 하나님은 나에게 능력을 주셨다. 주님은 나에게 "무엇을 보고 느끼든 간에 나의 말씀을 굳게 믿으라. 내가 너에게 약속한 것이 이루어질 줄 믿어라."라고 말씀하셨다. 성경에는 하나님이 주신 구원의 약속이 기록되어 있다. 우리는 이 말씀을 우리의 심령에 가득 채우고, 기도의 원천으로 삼아야 한다.

새가 날개 치며 그 새끼를 보호함 같이 나 만군의 여호와가 예루살렘을 보호할 것이라 그것을 호위하며 건지며 뛰어넘어 구원하리라 하셨느니라(사 31:5)

너희가 노년에 이르기까지 내가 그리하겠고 백발이 되기까지 내가 너희를 품을 것이라 내가 지었은즉 내가 업을 것이요 내가 품고 구하여 내리라(사 46:4)

너는 그들 때문에 두려워하지 말라 내가 너와 함께 하여 너를 구원하리라 나 여호와의 말이니라 하시고(렘 1:8)

또 범죄와 육체의 무할례로 죽었던 너희를 하나님이 그와 함께 살리시고 우리의 모든 죄를 사하시고 우리를 거스르고 불리하게 하는 법조문으로 쓴 증서를 지우시고 제하여 버리사 십자가에 못 박으시고 통치자들과 권세들을 무력화하여 드러내어 구경거리로 삼으시고 십자가로 그들을 이기셨느니라(골 2:13-15)

주께서 나를 모든 악한 일에서 건져내시고 또 그의 천국에 들어가도록 구원하시리니 그에게 영광이 세세무궁토록 있을지어다

(딤후 4:18)

주께서 경건한 자는 시험에서 건지실 줄 아시고 불의한 자는 형벌

아래에 두어 심판 날까지 지키시며(벧후 2:9)

시편에는 하나님의 구원에 대한 위대한 믿음의 기록들이 있다.

여호와는 나의 반석이시요 나의 요새시요 나를 건지시는 이시요 나의 하나님이시요 내가 그 안에 피할 나의 바위시요 나의 방패시요 나의 구원의 뿔이시요 나의 산성이시로다(시 18:2)

주는 나의 은신처이오니 환난에서 나를 보호하시고 구원의 노래로 나를 두르시리이다(시 32:7)

내가 여호와께 간구하매 내게 응답하시고 내 모든 두려움에서 나를 건지셨도다(시 34:4)

여호와의 천사가 주를 경외하는 자를 둘러 진 치고 그들을 건지시는도다(시 34:7)

가난한 자를 보살피는 자에게 복이 있음이여 재앙의 날에 여호와께서 그를 건지시리로다 여호와께서 그를 지키사 살게 하시리니 그가 이 세상에서 복을 받을 것이라 주여 그를 그 원수들의 뜻에 맡기지 마소서 여호와께서 그를 병상에서 붙드시고 그가 누워 있

을 때마다 그의 병을 고쳐 주시나이다(시 41:1-3)

네가 고난 중에 부르짖으매 내가 너를 건졌고 우렛소리의 은밀한 곳에서 네게 응답하며 므리바 물 가에서 너를 시험하였도다
(시 81:7)

하나님이 이르시되 그가 나를 사랑한즉 내가 그를 건지리라 그가 내 이름을 안즉 내가 그를 높이리라 그가 내게 간구하리니 내가 그에게 응답하리라 그들이 환난 당할 때에 내가 그와 함께 하여 그를 건지고 영화롭게 하리라 내가 그를 장수하게 함으로 그를 만족하게 하며 나의 구원을 그에게 보이리라 하시도다
(시 91:14-16)

그가 그의 말씀을 보내어 그들을 고치시고 위험한 지경에서 건지시는도다(시107:20)

구원을 이루는 하나님의 현존

우리를 구원하려고 하나님께서 이 땅에 오셨다. 나는 천사들이 교회에 들어와서 제단에 거하는 것을 보았다. 그리스도가 오실 때, 천사들은 큰 날개를 바닥에 펴서 그리스도가

그 위를 걷도록 준비하고 있었다.

또한 천사들이 복도 양편에 줄지어 섰다. 회중들은 천사들을 볼 수 없었으나, 천사들은 왕이나 왕비가 도착할 때 하듯이 나팔을 불었다. 그리고 큰 마차가 교회 정문으로 들어오자, 거대한 천사들이 문을 열어 그리스도를 맞이하였다.

얼마나 아름다운 광경인가! 천사들은 항상 그리스도를 호위하고 그의 말씀을 책과 두루마리에 기록하였다. 몇 명의 천사들은 불나팔을 가지고 있었으며, 어떤 천사는 검과 다른 것을 가지고 있었다. 그리스도가 들어왔을 때, 목회자는 "오, 나는 주님이 이곳에 계신 것을 느낍니다. 그리고 나는 청중을 덮은 구름을 보았습니다."라고 말하였다. 마치 수백 명의 천사가 주님과 함께하는 것처럼 보였다. 천사들은 목회자들이 병을 치료하고 예언을 하는 것을 도왔다.

나는 이러한 환상을 여러 번 보았으며, 그때마다 많은 영혼이 구원을 받았다. 내가 지옥에 대하여 설교할 때, 많은 사람이 회개하는 하나님의 위대한 역사가 일어났다.

구주가 그의 마차에서 내려 교회를 걸으면서 사람들의 머리를 만졌다. 하나님의 기름 부음과 하나님의 언약이 실현되는 것이었다. 예수님이 우리를 위하여 죽으시고 다시 오실 것을 믿는다. 그리고 예배 중에 그의 영광을 드러내심을 믿는다.

사탄은 우리를 방해하기 위하여 의심을 갖게 하고, 불신을 넣으려고 안간힘을 쓴다. 그러나 하나님은 우리를 구원하시려고 대가를 지불하지 않았는가! 할렐루야! 우리 구주 예수님이 이 일을 담당하셨다. 당신이 하나님과 연합하고 다른 사람의 죄를 용서해 주면, 당신도 완전히 용서를 받게 된다.

> 너희가 사람의 잘못을 용서하면 너희 하늘 아버지께서도 너희 잘못을 용서하시려니와 너희가 사람의 잘못을 용서하지 아니하면 너희 아버지께서도 너희 잘못을 용서하지 아니하시리라
>
> (마 6:14-15)

구원을 이룬 십자가의 능력

내가 설교를 하는 중에 강한 기름 부음을 받은 때가 있었다. 갑자기 천사들이 큰 하얀 십자가를 교회 앞에 놓는 환상을 보았다. 사람들이 기도할 때 십자가 양끝에서 능력이 나오고, 그 능력이 임한 사람들에게 치유와 구원의 역사가 일어났다. 나는 이와 같은 광경을 여러 번 보았다. 살아 있는 하나님의 말씀을 설교할 때, 나의 머리에 십자가가 놓여 있는 것을 보았다. 십자가의 능력으로 구원이 성취되었으며, 오늘날에도 우리를 위하여 그리스도가 갈보리 위에서 지불하신 것을 믿기만 하면 구원을 받을 수 있다. 그 비밀은 사죄의

은총에 있다. 우리는 그리스도와 그의 기적을 믿어야 한다.

사탄의 엄청난 유혹 중 하나는 우리 마음에 의심과 불신감을 갖게 하는 것이다. 하나님은 우리에게 기쁨, 행복, 충만함을 주시기를 원하시지만, 사탄은 고통, 슬픔, 비통함 가운데 우리를 빠뜨리려고 한다. 하나님은 세상의 모든 것보다 위대하시기 때문에 우리는 그분만을 바라보아야 한다. 구원은 십자가의 능력으로만 가능하다.

구원으로 인도하는 하나님의 사랑

나는 비행기 안에서 위기에 처한 가족을 생각하면서 얼굴에 눈물이 흐를 정도로 울었다. 이런 나의 행동을 감출 수 있는 공간을 주신 주님께 감사했다. 왜냐하면 나는 선글라스를 착용하고 있었으며, 긴 비행기에 사람이 별로 없어서 구석에서 울 수 있었기 때문이다.

눈물이 얼굴에 흘러내리는 상황에서도 창밖에 펼쳐진 아름다운 무지개를 보고 감탄하고 있는 것이 아닌가! 갑자기 하나님의 약속이 생각났다. 그것은 하나님이 하늘에 무지개를 두고, 다시는 홍수로 세상을 멸하시지 않겠다고 노아에게 약속한 것이었다(창세기 9장 8-17절을 보라). 그날 무지개를 통하여 깨달은 하나님의 소중한 약속에 위로를 받았다.

나는 자연 속에서 아름다움과 영광, 그리고 엄청난 환상을 보았다. 나는 하늘에 있는 거대한 붉은 불과 보좌에 앉으신 하나님의 형상을 보았다. 내가 본 것을 정확하게 묘사할 수는 없으나, 지상에서 하나님의 보좌로 올라간 흔적 같았다. 그 흔적 속에서 눈물을 보았고, 예수님을 생각하게 되었다.

계속해서 창문을 바라보고 있을 때, 마치 하늘에서 눈물이 떨어지는 것 같았다. 눈물 방울마다 하나님의 말씀이 담겨 있었으며, 눈물이 땅에 이르렀다. 하나님이 나의 울부짖음을 들으셨음을 깨닫게 되었다.

하나님의 눈물 흔적에 대한 많은 이야기가 있다. 그의 눈물이 비와 같이 우리의 눈물과 함께 흘렀다. 나와 당신의 눈물이 하나님께 상달된 것이다.

> 나의 유리함을 주께서 계수하셨사오니 나의 눈물을 주의 병에 담으소서 이것이 주의 책에 기록되지 아니하였나이까 내가 아뢰는 날에 내 원수들이 물러가리니 이것으로 하나님이 내 편이심을 내가 아나이다 내가 하나님을 의지하여 그의 말씀을 찬송하며 여호와를 의지하여 그의 말씀을 찬송하리이다 내가 하나님을 의지하였은즉 두려워하지 아니하리니 사람이 내게 어찌하리이까
>
> (시 56:8-11)

그날 내가 받은 계시는 나를 위대하신 하나님의 사랑을

이루신 예수님에 대한 존경으로 이끌었다. 하나님은 우리를 구원하시려고 그의 아들을 내어주실 정도로 우리를 사랑하신다. 우리는 이 땅에 사는 동안 하나님의 말씀으로 사탄의 왕국을 붕괴시켜야 한다. 하나님이 우리를 위하여 하신 그 일을 우리는 계속해야 한다.

이 환상은 나에게 믿을 수 없을 정도의 큰 기쁨을 주었다. 하나님은 나의 눈물을 닦아 주시면서 "그는 실로 우리의 질고를 지고 우리의 슬픔을 당하였거늘 우리는 생각하기를 그는 징벌을 받아 하나님께 맞으며 고난을 당한다 하였노라(사 53:4)"라는 말씀을 생각나게 했다.

하나님은 나의 가족이 자유함을 얻을 것을 나에게 확신시켜 주셨다. "이르되 주 예수를 믿으라 그리하면 너와 네 집이 구원을 받으리라 하고(행 16:31)"

비행기가 착륙한 후에도 주님 안에서 나의 여행은 계속되고 있었다. 그날 밤 예배에서 상처입고 슬픔에 잠겨 있는 사람들을 보았다. 나는 살아 있는 하나님의 말씀으로 위로와 격려와 소망의 말씀을 전하였다. 그리고 그리스도가 우리를 위하여 흘리신 눈물이 오늘도 강하게 역사하고 있다고 말했다.

당신도 당신에게 일어난 이해할 수 없는 일로 인하여 많은 눈물을 흘렸을 것이다. 이 세상에서 일어나는 모든 일을 이해하는 것이 불가능하다는 것을 인정해야 한다. 그러나 거룩한 말씀은 우리를 위하여 기록되었고 우리에게 모든 것을 보여 준다. 그리고 성경은 성령의 감동으로 기록되었다(베드로후서 1장 20-21절을 보라). 성경의 모든 것을 믿자!

> 예수 그리스도는 어제나 오늘이나 영원토록 동일하시니라
>
> (히 13:8)

하나님은 우리가 바라보고 소망을 두어야 하는 유일한 분이시며, 또한 우리에게 즐거움과 기쁨을 주실 유일한 분이시다. 나는 오늘 항상 당신과 당신의 가족을 보살펴 주시는 하나님을 믿고 위로받으라고 권면 한다. 하나님은 당신을 지켜줄 천사를 보내주셨다. 그들은 항상 당신을 도울 준비를 하고 있다. 그러나 천사들이 하나님에 의해서 보냄 받은 존재라는 사실을 명심해야 한다.

구원의 강물

하나님이 나에게 주신 또 다른 계시는 성령이 하나님의 바람처럼 임하는 것이었다. 바람이 불고 불의 기둥이 나타나서 온 도시를 덮으면서 다니는 것이다. 이것은 마치 성령이 역사하기를 준비하시는 것 같았다.

나는 큰문이 하늘을 향해 열리고 하나님의 권능이 문을

통해서 들어오는 것을 보았다. 문을 통하여 전투복을 입은 천사들이 말을 타고 나왔다. 하나님의 영광, 권능, 능력, 위엄이 가득한 천국에서 영적 군대들이 오는 것이 아닌가!

천사들은 성령의 바람을 따라 땅 위를 달리고 있으며, 희고 빛나고 영광스러운 강이 흐르고 있었다. 산과 골짜기를 따라 흐르는 강물은 구원의 물줄기였다. 강물이 흐르는 곳마다 수만의 사탄들이 휩쓸려 나가고 강물을 피해 도망가고 있었다. 천사의 검에서 나온 불이 도망가는 악한 영들을 소멸시키고 있었다.

사악한 것들은 소멸할 것이라고 하나님은 확실하게 말씀하셨다. 하나님은 말라기 4장 3절에서 "또 너희가 악인을 밟을 것이니 그들이 내가 정한 날에 너희 발바닥 밑에 재와 같으리라 만군의 여호와의 말이니라"라고 말씀하셨다. 하나님은 하늘에서 구원의 천사들을 보내어 사탄의 수많은 공격에서 우리를 구원하신다.

구원 받은 자들을 지지함

약 25세 된 청년이 울면서 예배에 참석했다. 그의 얼굴은 지치고 낙망하는 모습이 가득했다. 청년이 술에 취해 있었으며 마약을 복용하였다는 것을 한눈에 알 수 있었다. 그는 나에게 "저를 도와주세요. 아무도 저를 돕지 않으려고 합니다. 저는 구원받기를 간절히 원합니다. 나는 지쳐 있고 마약에 중독되어 있습니다. 나를 도와주세요!"라고 말하였다.

주님이 흘렸던 위로의 눈물이 방안에 가득했다. 우리는 주님의 위로를 가지고 청년을 위하여 기도했으며, 주 예수의 이름으로 악한 영이 떠날 것을 명령하였다. 우리는 그의 머리에 안수하였다. 우리가 그에게 사죄의 기도를 하도록 했을 때, 그의 머리가 흔들리기 시작했다. 그는 완전히 사탄으로부터 해방되었고, 일어섰고 그의 눈은 맑아졌다. 그는 손을 들어 구주의 위엄을 찬양했으며, 하나님은 그를 15분 동안 완전히 변화시키셨다.

12살 소년이 그에게 와서 "당신에게 말해도 됩니까? 사람들이 당신을 위해 기도할 때 내가 본 것이 무엇인지 당신은 압니까?"라고 말했다. 청년은 모른다고 대답했다.

"나는 당신 주변에 있던 사탄이 당신을 데려가려고 하는 것과 당신과 함께한 사람들이 기도할 때 검을 가진 천사들이 사탄들을 쫓아내는 것을 보았습니다. 그들은 완전히 물러갔습니다."

청년은 주님을 찬양하였고, 우리는 그를 구원하여 주신 하나님의 역사를 보고 크게 기뻐하였다. 지금 이 청년은 훌륭한 기독교인으로서 교회에 열심히 다니고 있다.

하나님은 구원의 역사를 여러 번 나에게 보여 주셨다. 어떤 사람은 우리가 6주 동안 기도한 후에 음란과 마약의 사탄에서 구원받았다. 우리는 그들을 위하여 계속 기도하고 상담하고 있다. 구원받은 후에 다시 옛날로 돌아가지 않도록 가르치고 있다.

만약 당신이 하나님의 선하심과 세상의 것을 모두 누리기를 원한다면, 심각한 갈등과 충돌이 발생할 것이다. 하나님이 당신을 변화시킨 후에 당신이 구원받은 자의 위치를 지키는 것은 매우 중요하다. 예수 그리스도와 그의 구원 안에서 살아가는 성도들이 있는 좋은 교회를 찾아라. 하나님의 말씀에 순종하고 당신을 유혹하는 악한 행위를 멀리하라. 그리고 하나님 중심에 머물러라.

이러한 진리는 구원을 받고 구원받은 상태를 유지하고자 하는 당신에게는 매우 중요한 것이다. 당신이 마땅히 가야 할 길을 걷겠다는 결심을 해야 한다. 진정 그리스도를 공경하고 예배하기를 원하는가? 혹은 세상과 사탄을 좇아가기를 원하는가? 당신이 악에서 벗어나려고 노력한다면, 하나님은 당신을 선한 장소로 인도할 것이다.

하나님은 구원자이시며, 구원받기로 예정된 자는 구원을 얻는다(요한복음 8장 36절을 보라). 그러므로 사탄을 몰아낼 때, "사탄아, 예수의 이름으로 명령하니 물러가라."라고 말해야 한다. 사탄이 사람들에게서 물러갈 때, 천사는 악의 권세를 끌어내려고 줄을 가지고 서 있다. 그러나 이러한 일은 우리가 하나님께 우리의 생명까지도 드리겠다는 결심이 있을 때 이루어진다.

하나님은 우리가 믿음 가운데에서 경배하고 예배하고 찬양하기를 원하신다. 모든 복음의 사역자들이 믿고 행할 때, 그리스도의 능력이 역사하신다. 하나님을 진심으로 사랑하고 그의 계명을 지키는 자에게 천사와 함께 성령이 오셔서 역사하신다. 당신은 이전에 보지 못하였던 하나님의 능력을 볼 것이다.

하나님은 마지막 날을 위하여 사람들을 준비시킨다. 그는 자신을 믿고 사랑하며, 말씀을 따르는 사람을 찾고 있다. 나는 하나님이 이 땅에서 행하실 크고 위대한 일을 준비하고 계신 것을 믿는다.

멍에를 끊는 기름 부음

많은 사람이 기도할 때, 나는 그들의 목을 두르고 있는 굴레 속에서 검은 것이 혼합된 흰 빛을 성령의 눈으로 보았다. 이 굴레는 속박을 나타낸다. 주님이 나에게 "나는 멍에를 부술 것이다. 기름 부어 멍에를 파괴할 것이다."라고 말씀하셨다. 나는 "그 날에 그의 무거운 짐이 네 어깨에서 떠나고 그의 멍에가 네 목에서 벗어지되 기름진 까닭에 멍에가 부러지리라(사 10:27)"는 말씀을 기억한다.

사람들이 죄를 회개하고 하나님께 용서를 구할 때, 천사들이 그들을 돕는 것을 보았다. 천사들의 손이 사람들의 목에 있는 멍에를 끊었다. 사람들이 죄를 범하고 사탄을 경배할 때 영적 멍에에 묶이게 된다. 하나님의 천사들은 하나님의 뜻에 따라 행동하며, 하나님의 말씀과 성령의 능력으로 이러한 멍에를 파괴한다. 멍에에서 벗어난 사람들은 가벼움과 나아짐을 고백한다.

당신의 영혼이 하나님 앞에서 정직해야 한다는 것이 가장 중요한 일이며, 다음으로는 당신에게 잘못을 범한 자를 용서해 주는 것이다. 하나님 말씀으로 당신을 모함하거나 해를 입힌 사람을 용서해야 한다. 왜냐하면 하늘에 계신 아버지가 당신을 용서해 주셨기 때문이다.

> 너희가 사람의 잘못을 용서하면 너희 하늘 아버지께서도 너희 잘못을 용서하시려니와 너희가 사람의 잘못을 용서하지 아니하면 너희 아버지께서도 너희 잘못을 용서하지 아니하시리라
>
> (마 6:14-15)

사탄의 억압에서 구원함

여러 나라를 다니면서 거짓 신과 우상을 경배하는 사람들을 만난 적이 있다. 나는 하나님이 그들을 사랑하시고, 구원하기를 원하시는 것을 알고 있었다. 내가 그들의 우상과 악마에게 예언하도록 성령이 임하였다. 나는 하나님의 현존과 말씀이 극도의 상황 가운데 있는 나라를 구하기 위하여 임하실 것을 예언하였다(히브리서 7장 25절을 보라). 하나님은 포로된 자를 자유롭게 하며, 무거운 짐을 벗겨주시고, 눈에서 '비늘'을 벗겨 진리를 믿게 한다(이사야 61장 1절, 사도행전 9장1-18절을 보라).

영적으로 하나님은 나에게 눈이 닫혀 있고, 귀가 막혀 있는 많은 사람을 만나게 하셨다. 손 모양을 가진 것이 그들의 눈과 귀에서 비늘을 벗겨 내는 것을 보았다. 구원받은 그들은 머리를 흔들었으며, "오, 나는 보았고 믿게 되었다."라고 기쁨으로 소리쳤다. 하나님은 사탄이 그들을 덮었던 어두운 마음을 제거하셨다.

그곳에서 목회자 아내들과 내가 이틀 동안 많은 시간을 내어 기도하였다. 나는 한밤중에 마차가 도시를 달리는 환상을 보았다. 마차가 골짜기를 다니면서 뱀을 죽일 때, 나는 하나님께 기도하였고 성령이 역사하는 것을 보았다.

갑자기 하늘 문이 열리고 천군들이 위엄을 가지고 내려왔다. 나는 하나님의 능력, 영광, 존귀가 나타나는 것을 보았다. 하나님은 도시를 구하기 위하여 그의 천사를 보내신 것이다. 천사들이 땅 깊은 곳에서 흉측한 머리를 가진 괴물을 잡아서 사슬로 묶어 끌어냈다. 사탄은 하나님의 능력에 저항할 수 없었다. 나는 천사들이 죄에서 도시를 구원하는 것과 하나님이 도시를 사탄으로부터 완전히 자유롭게 한 것을 보았다.

나는 친구들에게 "하나님이 이 도시에서 행하신 역사를 알아야 한다."라고 말했다. 놀라운 일이 일어난 후 교회들이 든든히 섰다. 하나님은 다음과 같이 말씀하셨다.

> 성읍은 정직한 자의 축복으로 인하여 진흥하고 악한 자의 입으로 말미암아 무너지느니라(잠 11:11)

> 공의는 나라를 영화롭게 하고 죄는 백성을 욕되게 하느니라
> (잠 14:34)

> 악을 행하는 것은 왕들이 미워할 바니 이는 그 보좌가 공의로 말미암아 굳게 섬이니라 의로운 입술은 왕들이 기뻐하는 것이요 정직하게 말하는 자는 그들의 사랑을 입느니라(잠 16:12-13)

> 여호와께서 자기 백성의 장로들과 고관들을 심문하러 오시리니 포도원을 삼킨 자는 너희이며 가난한 자에게서 탈취한 물건이 너

희의 집에 있도다(사 3:14)

하나님은 기도에 응답하시고 그에게 헌신하는 자들을 보호하여 주신다. 또한 그들의 공동체와 국가에 있는 악을 제거하여 주신다.

예수님 이름의 능력

내가 예수님의 이름으로 악한 영을 꾸짖을 때, 놀랍게도 사탄의 영과 악한 천사들이 끝까지 저항하다가 물러가는 것을 보았다. 내가 예수님의 이름으로 사탄을 쫓아낼 때, 천사들이 성경을 펴서 사탄의 얼굴에 들이대는 것을 보았다. 하나님의 말씀은 그들을 쫓아내는 검이다. 사탄들은 뱀이나 사람, 천사처럼 가장하여 나타난다. 사탄이 어떤 형태로 나타나더라도, 나는 그것이 사탄임을 구별할 수 있었다. 하나님의 종과 천사들이 하나님의 말씀을 말할 때, 사탄들은 물러나고 잡았던 사람을 풀어준다.

우리가 예수님의 이름으로 사탄을 물리치기 전에, 우리가 해야 할 가장 중요한 일은 하나님 앞에서 정직하고 하나님과 깊은 관계를 맺는 것이다. 성경에는 하나님과 신실한 관계를 갖지 못한 스게와의 아들들이 예수님의 이름을 잘못 사용한 기록이 있다.

이에 돌아다니며 마술하는 어떤 유대인들이 시험삼아 악귀 들린 자들에게 주 예수의 이름을 불러 말하되 내가 바울이 전파하는 예수를 의지하여 너희에게 명하노라 하더라 유대의 한 제사장 스게와의 일곱 아들도 이 일을 행하더니 악귀가 대답하여 이르되 내가 예수도 알고 바울도 알거니와 너희는 누구냐 하며 악귀 들린 사람이 그들에게 뛰어올라 눌러 이기니 그들이 상하여 벗은 몸으로 그 집에서 도망하는지라 에베소에 사는 유대인과 헬라인들이 다 이 일을 알고 두려워하며 주 예수의 이름을 높이고

(행 19:13-17)

예수의 이름은 속임수나 요술이 아니다. 그는 우리의 강한 구주이시며, 경배와 영광을 받기에 충분하신 분이다. 그 분의 이름을 가볍게 사용해서는 안 된다. 진실한 존경심과 믿음을 가지고 예수님의 이름을 사용할 때에만 사탄이 물러간다.

하나님은 승리하신다

구원에 대하여 우리가 명심해야 할 중요한 것은 사탄은 피조물에 불과하다는 사실이다. 사탄은 결코 하나님처럼 전능자, 전지자, 무소부재자가 아니다. 우리 주 예수 그리스도는 사탄과 어떠한 귀신보다도 항상 강하다.

> 그는 하늘에 오르사 하나님 우편에 계시니 천사들과 권세들과 능력들이 그에게 복종하느니라(벧전 3:22)

더 나아가 하나님은 자신의 역사와 계획을 성취하기 위하여 수많은 천사를 거느리고 있다. 사탄이 아무리 많은 귀신을 갖고 있더라도, 하나님의 거룩한 천사들의 숫자가 더 많다. 하나님은 항상 승리하시고 구원을 이루신다.

> 여호와는 나의 반석이시요 나의 요새시요 나를 건지시는 이시요 나의 하나님이시요 내가 그 안에 피할 나의 바위시요 나의 방패시요 나의 구원의 뿔이시요 나의 산성이시로다(시 18:2)

10
천사와 기도

천사가 우리의 기도 중 두 가지 영역, 즉 예배와 기도 중재자로 활동하고 있는 것들을 언급하고자 한다. 우리의 기도가 응답을 받을 수 있도록 천사가 활동하고 있다는 사실을 이해하는 것은 자신을 위한 기도뿐 아니라 하나님의 도움과 구원이 필요한 가족이나 다른 사람을 위한 중보기도를 하는 데 격려가 된다.

예배 중에 우리와 함께하는 천사

첫째, 천사들은 우리와 함께 주님을 예배한다.

> 할렐루야 하늘에서 여호와를 찬양하며 높은 데서 그를 찬양할지어다 그의 모든 천사여 찬양하며 모든 군대여 그를 찬양할지어다 해와 달아 그를 찬양하며 밝은 별들아 다 그를 찬양할지어다 하늘의 하늘도 그를 찬양하며 하늘 위에 있는 물들도 그를 찬양할지어다 그것들이 여호와의 이름을 찬양함은 그가 명령하시므로 지음을 받았음이로다(시 148:1-5)

나는 하나님의 백성이 예배드릴 때, 천사들이 활동하는 환상과 계시를 받았다. 여러 단체에서 예배하고 하나님께 찬양할 때, 성령이 집회 위에 임하시는 것을 보았다. 갑자기 벽에 큰 문이 있는 것을 강단과 의자 뒤, 휘장 사이에서 보게 되었다. 천사들이 날개를 펴고 문에서 나왔으며, 그들은 빛나는 흰옷을 입고 있었다.

천사의 무리가 문에서 나와 예배 광경을 보는 모습이 아름답고 놀라웠다. 그들은 부채 같은 것을 쥐고 교회 안을 깨끗하게 쓸고 있었다. 큰 구름 위에 색색으로 꾸며진 빛나는 흰 하나님의 보좌가 있었다.

나는 기름 부음 받은 목회자가 설교하는 강단 뒤에, 하나님의 보좌가 공중에 머물러 있는 것을 보았다. 하나님의 종인 천사는 설교와 기도의 내용을 받아쓰고 있었다. 모든 것이 기록되고 있었다.

어느 날 기도 중에, 그리스도가 보좌에 앉아 계신 방에 대한 환상을 보았다. 그분은 십자가 위에 있는 것 같았으나, 더 이상 고통받거나 피 흘리지 않았다. 그분은 수만 명의 천사로부터 경배를 받고 있었다. 그분이 앉아 있는 보좌는 크고 아름다웠으며, 순금과 은으로 짜인 긴 소매의 옷을 입고 있었다.

내가 그리스도의 얼굴을 보았을 때, 파랗고 붉은, 그리고 금 벨벳으로 만들어진 관을 쓰고 있었다. 관은 다이아몬드, 사파이어, 각종 보석으로 수놓아 있었다.

예수님은 홀로 무릎을 치고 계셨는데, 홀의 양끝에는 불이 있었다. 예수님은 나를 보고 미소 지으셨고, 나는 그분 앞에 무릎을 꿇고, 손을 들어 경배하였다. 그분이 나의 머리에 홀을 대고 축복해 주셨다. 그분이 나의 가슴에 불꽃을 대자, 나의 심령이 뜨거워졌으며, 놀라운 하나님의 사랑을 체험하였다.

놀라운 사랑! 순결! 완전! 나는 엎드려 경배하고 전심으로 찬양하며, 나를 찾아주신 전능하신 예수님께 감사를 드렸다.

하나님께 드리는 예배는 오직 예수 그리스도의 희생이 있었기에 가능하다는 사실을 인정하는 것은 매우 중요하다. 예수 그리스도가 우리를 하나님과 화해시키고, 하나님과의 관계를 회복시키려고 십자가에서 희생하셨기에 우리가 예배드릴 수 있는 것이다. 더 나아가 우리 자신을 희생제물로 드리고, 찬송의 제사를 드릴 때 진정한 예배가 되는 것이다.

> 그러므로 우리는 예수로 말미암아 항상 찬송의 제사를 하나님께 드리자 이는 그 이름을 증언하는 입술의 열매니라(히 13:15)

예수님이 우리를 위하여 죽으셨기 때문에 천사와 함께 기뻐하고 하나님께 기쁨으로 예배할 수 있는 것이다.

> 여호와께서 이와 같이 말씀하시니라 너희가 가리켜 말하기를 황폐하여 사람도 없고 짐승도 없다 하던 여기 곧 황폐하여 사람도 없고 주민도 없고 짐승도 없던 유다 성읍들과 예루살렘 거리에서 즐거워하는 소리, 기뻐하는 소리, 신랑의 소리, 신부의 소리와 및 만군의 여호와께 감사하라, 여호와는 선하시니 그 인자하심이 영원하다 하는 소리와 여호와의 성전에 감사제를 드리는 자들의 소리가 다시 들리리니 이는 내가 이 땅의 포로를 돌려보내어 지난 날처럼 되게 할 것임이라 여호와의 말씀이니라(렘 33:10-11)

우리의 기도를 중재하는 천사의 활동

둘째, 천사들은 특별히 하나님의 성도들이 기도할 때 함께 한다. 성경은 이러한 내용을 하늘의 관점에서 보여주고 있다.

또 다른 천사가 와서 제단 곁에 서서 금 향로를 가지고 많은 향을 받았으니 이는 모든 성도의 기도와 합하여 보좌 앞 금 제단에 드리고자 함이라 향연이 성도의 기도와 함께 천사의 손으로부터 하나님 앞으로 올라가는지라(계 8:3-4)

나는 자주 천사들이 하나님의 성도들을 교회 단상에서 기도하도록 모으는 것을 보았다. 그들은 성도들을 천국으로 향하게 하고, 예수님과 하늘에 계신 아버지 앞으로 인도했다. 나는 하늘로 향하는 계단과 천사들이 성도들을 하나님께로 인도하는 것을 본 적이 있다. 또한 내가 기도할 때, 천사가 옆에서 기도 내용을 기록하는 것을 보았다. 천사들은 나의 기도를 하늘에 올리려고 기록한다.

천사들이 우리의 기도를 하늘로 올리는 것뿐 아니라, 기도에 응답하신 하나님의 말씀을 우리에게 전해준다. 나는 가끔 천사가 하나님을 믿는 성도들의 기도에 응답하는 것을 보았다.

천사와 구원을 위한 기도

내가 교회나 다른 집회에서 설교할 때, 천사들이 영적 십자가들을 옮기는 환상을 보았다. 이 십자가들은 거대하고 완전히 희었고, 지혜와 능력을 상징하고 있다. 그들은 찬란한 빛을 발하였고 불을 뿜었다. 천사들은 이러한 십자가가 타락한 자와 죄인들에게 향하도록 하였으며, 성령의 불이 십자가로부터 나와 사람들을 덮었다. 사람들은 떨며 일어나 단상으로 나와 회개하였다.

천사들은 우리의 생명을 주님께 드리도록 고무시키려고 진리와 의의 영 가운데에서 일한다. 또한 부모, 형제 · 자매, 목회자, 평신도, 선교사, 교사 등의 기도로 인해 하나님이 우리에게 천사를 보내신 것을 깨달았다. 하나님이 구원의 역사를 이루어 가시는 것과 이 일이 추진되도록 천사들이 활동하는 것을 보는 것은 놀라운 일이다. 하나님이 나에게 준 환상 중에서, 천사들이 손에 십자가를 쥐고 있는 것을 보았다. 그들은 집회에 참석한 사람들 옆에 십자가를 세우거나, 사람들의 어깨에 놓았다. 거대한 십자가는 그리스도의 십자가를 상징하는 것이었다.

십자가를 받은 사람들은 그것을 그리스도의 십자가 밑에 놓았다. 그리스도의 십자가 사이에 눈 부신 빛이 발하고 있었으며, 그들이 십자가로 가까이 다가가 하나님께 도달한 것 같았다.

환상 중에 예수님이 "영들아, 영들아, 이리로 나오라."라고 말씀할 때, 천사들이 달려갔다. 그들은 하나님을 찾는 신실한 영들을 만졌다. 천사가 사람들을 만지자, 사람들이 머리를 들고 "오, 하나님, 나를 용서하소서. 나는 도둑입니다.", "나를 용서해 주소서. 나는 거짓말을 하였습니다." 등 죄를 회개하였다. 천사들이 어둠의 굴레를 만지자, 굴레들이 불탔다.

몇 사람들의 심령은 석탄처럼 검었다. 그들이 거짓, 사기,

도둑질, 간음 등을 고백하자, 검은 것이 그들의 심령에서 끓어 오르는 것 같았다. 천사들이 가슴을 만지자, 그들의 가슴은 아름다운 핑크빛으로 변했다. 성경 말씀이 떠올랐다.

> 내가 그들에게 한 마음을 주고 그 속에 새 영을 주며 그 몸에서 돌 같은 마음을 제거하고 살처럼 부드러운 마음을 주어(겔 11:19)

우리의 삶이 새 영과 살처럼 부드러운 모습으로 변화되려면, 하나님 앞에 나아가 전심으로 회개해야 한다. 우리의 마음과 심령과 영과 영혼이 하나님께로 돌아가야 한다. 우리는 이것을 예수 그리스도의 이름으로 해야 한다.

천사와 치료를 위한 기도

주님이 나에게 천국과 지옥의 계시를 보여준 지 약 5년이 지났을 때, 나의 자녀 중 하나가 병에 걸렸다. 그를 위하여 기도할 때, 주님이 나에게 다음과 같이 말씀하셨다.

> "아들아, 내가 너를 지옥에 데려갈 때, 나는 너의 왼손을 잡고 있었다. 여러 번 내가 너를 떠났다고 생각했지만, 나는 항상 너와 함께 했다. 나는 너에게 지옥의 고통이 얼마나 큰지를 보여 주었으며 너의 오른손에 비밀스러운 큰 선물을 주었다. 고통과 슬픔을 본 것이 나에게 받은 선물이

다. 네가 세상에서 다른 사람을 도울 수 있는 것도 내가 준 선물이다. 약속의 때가 되면 병이 치료될 것이다. 너의 자녀에게 은사를 사용하라. 그를 위하여 기도하면 고침을 받을 것이다."

기적을 일으키는 은사는 성령의 은사와 함께 고린도전서 12장 8-10절에 기록되어 있다. 나는 하나님이 주신 은사를 사용하였다. 천사들이 이 은사를 사용하는 나를 돕고자 오는 것을 보았다.

하나님은 나의 사역 가운데 이루고자 하시는 많은 것, 즉 병 고침, 계시, 신비, 기적 등을 일으키시기 시작했다. 천사들은 항상 하나님의 명령에 따라 나를 도왔다.

나는 하나님의 천사들이 병 고치는 데 참여한 것을 보았다. 여기에서 두 가지 사례를 이야기하고자 한다. 하나님의 종이 치명적인 병에 걸린 유아를 위하여 기도하고 있을 때, 천사들이 방안에 서서 두루마리와 펜을 가지고 목사님이 말하는 것을 기록하고 있었다. 유아는 너무 어려서 이러한 상황을 믿을 수 없었다. 목사님은 아이를 대신하여 하나님의 말씀과 성령이 아이를 치유해 주실 것을 믿는다는 믿음의 고백을 했다. 그는 "예수님의 이름으로, 예수님의 상처로 이 아이의 병이 낫기를 원하노라. 예수의 이름으로 말하노니 질병의 영은 물러가라."라고 기도했다. 목사님이 아이의 머리에 손을 얹고 기름을 부으면서 하나님의 말씀(요한복음 5장 14-15절을 보라)에 따라 기도하자, 천사가 고통받는 아이의 작은 다리에 손을 얹었다. 다른 천사들은 옆에 서서 치료를 도왔다. 질병의 영은 사라지고 아이의 병이 치료되었다.

두 번째 상황은 개인적인 것이다. 2001년 5월에 나의 아들 스코트가 큰 발작을 일으켰다. 그때 나는 미시간에서 말씀을 전하고 있었으며, 누이 집에 머물렀다. 스코트가 발작을 일으킨 것을 몰랐으나, 천사가 하늘에서 땅으로 내려와서 무엇인가 하려고 준비하는 환상을 보았다. 그들은 강력하게 무장한 천사들이었다. 내가 누이 집 계단을 올라갈 때, "나는 부활이요 생명이니(요 11:25)"라는 말씀을 확실하게 들었다.

몇 시간 후에 나의 딸 테레사가 전화로 스코트의 발작에 대하여 이야기하였다. 응급대원이 그를 병원으로 옮겼는데, 어느 병원인지 모른다고 딸은 말했다. 나는 아들이 어디 있으며 어떤 상태인지 알아보려고 하였으나 알 수가 없었다. 나는 미시간과 다른 주에 있는 사람들에게 전화해서 기도를 부탁하였다. 예언의 은사가 있는 미시간에 있는 남자가 나에게 전화해서 "메어리, 내가 본 것을 말하려고 하네. 너의 아들에 대한 환상을 보았는데, 하나님이 뇌 속에 계신 것을 보았네. 그리고 주님께서 아이를 치료하시는 것을 보았네."라고 말했다. 그리고 그는 예언 기도를 하기 시작했다.

나의 좋은 친구인 그가 기도를 마쳤을 때. 나는 "형제여,

나는 당신이 예언자이며 하나님의 사람이라는 것을 아네. 그런데, 스코트의 상태가 이토록 어렵다는 것을 믿을 수가 없네. 나는 가벼운 발작 증세라고 생각했는데…."라고 말하였다.

내가 당신에게 이 이야기를 하는 것은 하나님을 믿는 것과 그를 섬기는 것, 그리고 그의 계명을 지키고 그가 말씀이신 것을 아는 것이 얼마나 중요한가를 알려 주기 위해서다. 그분은 치료자이시며 구원자이시다. 그는 "어제나 오늘이나 영원토록 동일(히 13:8)" 하신 분이시다.

마침내 스코트와 연락이 되었고, 나는 그에게 "아들아, 어떠니? 무슨 일이 있었니?"라고 물었다. 그는 심한 발작으로 병원에 실려 왔다고 힘들게 말하였다. 그가 아침 4시경에 집에 도착했을 때, "죽지 않게 된 것을 하나님께 감사하자."라고 나는 말했다. 그러자 그는 "엄마, 나는 죽었었어요."라고 말했다. "무슨 말을 하는 거야? 무슨 일이 있었니?"

스코트가 기억할 수 있는 것은 자기가 식료품 가게에 들어갈 때, 어깨에 커다란 고통을 느꼈고, 즉시 발작이 일어났다는 것뿐이었다. 응급대원이 도착했을 때, 스코트는 숨을 쉬지 못하였고 어떤 증상도 보이지 않았다. 그들은 스코트에게 전기 충격과 다른 긴급처방을 하고 병원으로 옮겼다.

응급대원들은 스코트의 좋은 상태에 놀랐다. 왜냐하면, 발작이 심해서 뇌가 죽었던 상태였기 때문이다. 하나님의 기적으로 스코트는 살아난 것이었다. 그때가 바로 누이 집에서

"나는 부활이요 생명이니(요 11:25)"라는 하나님의 음성을 들었을 때였다. 내가 본 하늘에서 내려온 무장한 천사들이 스코트의 목숨을 위하여 싸운 것이다.

천사와 기적의 기도

미시간에 살 때, 나의 집에서 기도모임을 인도했다. 어느 날, 기도 모임에 참석했었던 성도들과 함께 도시에서 물건을 사러 집을 나서는 데, 갑자기 폭풍이 불고 비가 쏟아지기 시작했다.

출발하려고 하자 바람과 비가 더 강해져서 차 안에서 기도할 수밖에 없었다. 갑자기 응급차 사이렌 소리를 들었다. 아마 교통사고가 발생한 것 같았다. 우리는 조심스럽게 상점에 가서 물건을 구입했다.

다른 길로 집에 돌아올 때, 다른 응급차의 비상등이 반짝이는 것을 보았다. 차가 충돌한 것이었다. 우리는 들것에 흰 천으로 덮혀 놓여 있는 죽은 사람을 보았다. 응급대원이 차에서 사람들을 꺼내는 동안 우리는 도로 옆에 차를 대 놓았다. 비는 계속해서 강하게 쏟아지고 있었다.

성령이 기다리는 우리에게 와서 기도하라고 권하였다. 우리는 성령 안에서, 성령의 지시에 따라 죽은 사람이 살아나도록 기도했다. 성령이 우리에게 역사하시면 예수의 이름으로 누구의 죄든 용서받을 수 있다(요한복음 20장 23절을 보라). 몇 분 후에 들것에 누워 있었던 사람이 오른손으로 흰 천을 제치는 것이었다. 이 광경을 본 응급대원이 상처 입은 사람을 돕기 위해 달려갔다. 응급대원은 하나님이 그를 살려 주신 것을 알고 매우 기뻐했다. 우리는 차 안에서 오직 기도만 하였을 뿐 그를 만지지 않았다. 하나님이 보내신 천사가 와서 이 사람의 생명을 구한 것이다.

천사와 구원의 기도

몇 년 전에 내 가족이 시련을 겪었다. 한 식구가 사라져서 6개월 동안 볼 수 없었다. 이것은 내 가족이 겪은 가장 큰 위기 중 하나였으며, 이 위기에 다른 어려움이 계속해서 이어졌다. 옛 원수가 우리를 여기저기에서 공격하는 것 같았다.

이와 유사한 경험이 있는 사람들은 이러한 환난이 얼마나 견디기 어려운가를 이해할 수 있을 것이다. 사탄이 당신의 금고를 파괴하고 모든 돈을 가져갔을 때 받은 좌절과 같은 것이다. 우리의 삶은 항상 문제 가운데 있기 때문에 어려움 속에서 살아갈 수밖에 없다. 살아 있는 동안 환난과 고난이 계속해서 우리 가족에게 닥칠 것이다. "오! 주님, 나의 기도가 부족합니까? 당신의 말씀 위에 굳건하게 서 있지 못한 겁니까?" 나는 슬픔 가운데에서 하나님께 간절히 기도했다.

하나님은 환난 중에 있는 우리에게 그의 천사를 보내 주시고 우리를 위로해 주신다. 하나님은 우리에게 평안, 구원,

도움을 약속해 주셨다(요한복음 14장 27절, 시편 34장 7절, 이사야 41장 10절, 13-14절을 보라). 우리에게 어떠한 어려움이 닥치더라도 하나님의 말씀 위에 굳게 서 있어야 한다.

내가 강할 때에 나의 아이들이 약할 때가 있고, 내가 약할 때에는 나의 아이들이 강할 때가 있다. 하나님의 천사들이 우리를 위하여 일하는 것을 볼 때 놀라움을 갖는다. 중요한 것은 환난 가운데에서 서로 격려하고 도와야 한다는 것이다.

하나님은 환난 중에 있는 나에게 구원의 확신을 하도록 하는 강력한 환상을 보여주셨다. 그 환상이 몇 시간 동안 지속되는 것이 아닌가! 이것은 그의 천사를 통하여 하나님이 구원을 이루시는 방법을 보여주는 환상이었다.

나는 초자연적인 구속에서 구원받은 사람들을 보았다. 그들은 끈과 철사로 단단하게 묶여 있었지만, 불이 임하자 족쇄들이 파열되었다. 하나님이 성령의 능력을 통하여 나에게 보여주신 강력한 계시였다. 나는 "하나님, 당신은 이토록 위대한 하나님이십니다."라고 고백하였다.

나는 하늘로부터 성령의 비둘기들이 내려오는 것을 보았다. 하나님이 그의 영으로 사람들에게 오시고, 사람들이 주님 앞으로 나아갈 때, 주님의 축복과 기쁨이 넘치는 것을 보고 한없는 행복과 감동을 느꼈다. 우리 모두는 우리를 대신하여 천사들이 사탄과 싸우는 영적 전쟁 가운데 있다는 것을 깊이 이해하기 시작했다.

성도들의 기도

하나님이 계시들과 천사들을 나에게 보여주신 것에 대하여 감사를 드린다. 하나님은 성도들의 기도가 매우 중요하다는 것을 이해하기를 원하신다. 우리는 기도하도록 부름 받았기 때문에 한시라도 기도하는 것을 잊어서는 안 된다. 성령이 기도하도록 우리를 재촉할 때, 어디에 있든지 기도해야 한다. 바울은 성령 안에서 "쉬지 말고 기도하라(살전 5:17)"라고 가르쳤다.

하나님은 말씀을 믿는 사람들의 기도를 들으시고 우리와 함께할 천사들을 보내시며 구원과 치료를 베푸신다. 포로가 된 예레미야에게 하신 하나님의 말씀이 당신 자신과 다른 사람을 위하여 기도할 수 있도록 용기를 준다.

> 여호와의 말씀이니라 너희를 향한 나의 생각을 내가 아나니 평안이요 재앙이 아니니라 너희에게 미래와 희망을 주는 것이니라 너희가 내게 부르짖으며 내게 와서 기도하면 내가 너희들의 기도를 들을 것이요 너희가 온 마음으로 나를 구하면 나를 찾을 것이요 나를 만나리라 이것은 여호와의 말씀이니라 나는 너희들을 만날 것이며 너희를 포로된 중에서 다시 돌아오게 하되 내가 쫓아 보내었던 나라들과 모든 곳에서 모아 사로잡혀 떠났던 그 곳으로 돌아오게 하리라 이것은 여호와의 말씀이니라(렘 29:11-14)

11 천사의 활동 목적

하나님이 나를 그의 종으로 기름 부어 주시고, 그의 백성이 깨닫기를 원하는 말씀을 전하도록 초자연적인 환상을 허락하여 주신 것에 깊은 감사를 드린다. 나는 하나님께로부터 받은 계시 중 일부분만 당신과 함께 나눈 것이다. 그러나 천사들의 역사가 하나님의 말씀 가운데에서 모두 발견되고 있다는 사실과 위대하다는 것을 당신이 믿기를 원한다.

이 책을 기록한 목적은 당신이 굳건한 믿음을 소유하도록 돕기 위함이다. 천사에 대한 연구를 통하여 우리는 하나님께서 역사하는 방법을 더 잘 이해할 수 있다. 천사에 대하여 배우게 되면, 천상의 존재가 아닌 위대하신 하나님과 그의 종인 천사를 통하여 보여주시는 하나님의 능력과 은혜에 초점을 두게 된다. 하나님 말씀과 하나님이 역사하시는 방법을 알 때, 의심이 사라지고 믿음이 강해지며, 슬픔 중에 위로가 되고 평화를 얻게 된다. 우리를 대신하여 일하는 천사들의 사역을 통하여 하나님이 우리를 사랑하시고, 계속해서 우리를 돕고자 일하시는 것을 알게 된다. 이러한 사실이 우리에게 얼마나 큰 위로와 기쁨이 되는지!

「정말 천사는 있습니다!」에서 전하고자 하는 것 중 하나는 하나님이 당신의 필요를 채워주시기 위하여 천사를 사용하고 계시다는 것이다. 당신이 천사를 보지 못하더라도 천사들은 항상 당신 주위에 있다. 하나님은 당신을 강하게 하고 축복하기 위하여 천사를 당신 주변에 두고 있다. 하나님의 말씀을 믿어라! 그분은 당신을 보호하신다! "너희 염려를 다 주께 맡기라 이는 그가 너희를 돌보심이라(벧전 5:7)"

이 책에서 전하고자 하는 또 다른 내용은 하나님의 말씀과 천사들이 하나님의 목적을 성취하려고 항상 일한다는 것이다. 하나님은 구원, 구속, 심판에 대한 자신의 계획을 이루어가시고 계신다. 우리가 이러한 진리를 깨닫고, 그분의 역사에 참여할 것을 원하신다. 우리가 최선을 다해서 해야 할 일은 무엇인가? 천사의 본질과 역할, 당신과 나눈 환상과 계시를 통하여 배운 것을 기초로 하여 하나님을 사랑하고 섬기는 것이다.

예배의 중요성

하나님에 대한 천사의 예배는 하나님의 존귀하심을 드러내는 것이다. 천사는 우리가 하나님을 존경하고 예배하는 데 있어서 모델이 된다. 하나님의 천사들이 찬양할 때 온 하늘과 땅이 화답하듯, 우리도 하나님께 영광과 찬양을 드려야 한다. 하나님은 우리에게 예배에 대한 모델을 주셨다.

> 네 생물은 각각 여섯 날개를 가졌고 그 안과 주위에는 눈들이 가득하더라 그들이 밤낮 쉬지 않고 이르기를 거룩하다 거룩하다 거룩하다 주 하나님 곧 전능하신 이여 전에도 계셨고 이제도 계시고 장차 오실 이시라 하고 그 생물들이 보좌에 앉으사 세세토록 살아 계시는 이에게 영광과 존귀와 감사를 돌릴 때에 이십사 장로들이 보좌에 앉으신 이 앞에 엎드려 세세토록 살아 계시는 이에게 경배하고 자기의 관을 보좌 앞에 드리며 이르되 우리 주 하나님이여 영광과 존귀와 권능을 받으시는 것이 합당하오니 주께서 만물을 지으신지라 만물이 주의 뜻대로 있었고 또 지으심을 받았나이다 하더라(계 4:8-11)

아멘, 아멘! 전능하신 하나님을 찬양합니다!

믿음의 중요성

우리를 대신하여 일하는 천사들의 사역을 아는 것은 하나님의 사랑과 능력에 대한 믿음과 하나님이 우리와 함께 하신다는 용기를 갖도록 한다. 시편의 말씀을 기억하자.

> 하나님이 이르시되 그가 나를 사랑한즉 내가 그를 건지리라 그가 내 이름을 안즉 내가 그를 높이리라 그가 내게 간구하리니 내가 그에게 응답하리라 그들이 환난 당할 때에 내가 그와 함께 하여 그를 건지고 영화롭게 하리라(시 91:14-15)

우리는 하나님을 신뢰하고 그분을 사랑하고 섬기는 일에 최선을 다해야 한다. 왜냐하면 그분만이 우리가 신뢰할만한 충분한 가치를 지니고 있기 때문이다. 히브리서 11장 33-35절은 우리에게 큰 용기가 준다.

> 그들은 믿음으로 나라들을 이기기도 하며 의를 행하기도 하며 약속을 받기도 하며 사자들의 입을 막기도 하며 불의 세력을 멸하기도 하며 칼날을 피하기도 하며 연약한 가운데서 강하게 되기도 하며 전쟁에 용감하게 되어 이방 사람들의 진을 물리치기도 하며 여자들은 자기의 죽은 자들을 부활로 받아들이기도 하며 또 어떤 이들은 더 좋은 부활을 얻고자 하여 심한 고문을 받되 구차히 풀려

나기를 원하지 아니하였으며(히 11:33-35)

베드로전서 1장 5절에서는 "너희는 말세에 나타내기로 예비하신 구원을 얻기 위하여 믿음으로 말미암아 하나님의 능력으로 보호하심을 받았느니라"라고 말씀하고 있다. 그러므로 그의 왕국을 세우기 위하여 우리에게 주신 사역과 은사를 가지고 하나님이 원하시는 것을 이루어드리기 위하여 믿음을 사용하자.

분별의 중요성

오늘날 '천사 마니아'와 천사에 대한 거짓 사상들이 종교와 세속 가운데에서 성행하고 있는 것은, 분별력을 가지고 영적 은사를 사용하고 영적 존재를 만나는 것이 얼마나 중요한가를 보여준다. 우리를 미혹하기 위하여 사탄이 자신을 '광명의 천사(고후 11:14)'로 가장한다는 것을 명심해야 한다.

우리는 영적인 것을 분별하기 위하여 하나님의 말씀을 심령과 마음에 채워야 한다.

이는 우리가 이제부터 어린 아이가 되지 아니하여 사람의 속임수와 간사한 유혹에 빠져 온갖 교훈의 풍조에 밀려 요동하지 않게 하려 함이라 오직 사랑 안에서 참된 것을 하여 범사에 그에게까지 자랄지라 그는 머리니 곧 그리스도라(엡 4:14-15)

사랑하는 자들아 영을 다 믿지 말고 오직 영들이 하나님께 속하였나 분별하라 많은 거짓 선지자가 세상에 나왔음이라 이로써 너희가 하나님의 영을 알지니 곧 예수 그리스도께서 육체로 오신 것을 시인하는 영마다 하나님께 속한 것이요 예수를 시인하지 아니하는 영마다 하나님께 속한 것이 아니니 이것이 곧 적그리스도의 영이니라 오리라 한 말을 너희가 들었거니와 지금 벌써 세상에 있느니라(요일 4:1-3)

복종의 중요성

하나님은 우리가 삶 속에 있는 더러운 제단을 허물고, 새로운 결심으로 그의 거룩한 제단에 우리 자신을 드리기를 원하신다. 이것은 자신의 죄를 회개하고, 겸손하게 하나님 앞에 나아가서 그리스도의 보혈로 우리를 씻겨주시고 회복시켜 주실 것을 간구하는 것을 의미한다. 그분의 심판이 세상에 임할 것이라는 진리를 기억하고, 그분이 불로 우리를 깨끗하게 하시고, 거룩한 말씀으로 정결하게 하시도록 기도해야 한다. 나는 기도하는 중에 얼굴과 눈을 서로 맞대고 있는 몸이 없는 거대한 영적 얼굴에 대한 환상을 보았다. 한쪽 얼굴이 다른 쪽 입술에 부드럽게 입을 대었다. 이때 "인애와 진리가 같이 만나고 의와 화평이 서로 입맞추었으며(시 85:10)" 라는 하나님의 말씀이 떠올랐다. 시편에는 인애와 진리에 관한 하나님의 말씀이 많이 기록되어 있다.

> 여호와는 선하시니 그의 인자하심이 영원하고 그의 성실하심이 대대에 이르리로다(시 100:5)

> 그러나 주여 주는 긍휼히 여기시며 은혜를 베푸시며 노하기를 더디하시며 인자와 진실이 풍성하신 하나님이시오니(시 86:15)

> 의와 공의가 주의 보좌의 기초라 인자함과 진실함이 주 앞에 있나이다(시편 89:14)

> 여호와의 모든 길은 그의 언약과 증거를 지키는 자에게 인자와 진리로다(시 25:10)

> 하나님이 그의 인자와 진리를 보내시리로다(시 57:3)

또한 하나님은 우리가 영과 진리로 예배하기를 원하신다. 예수님은 다음과 같이 말씀하셨다.

아버지께 참되게 예배하는 자들은 영과 진리로 예배할 때가 오나니 곧 이 때라 아버지께서는 자기에게 이렇게 예배하는 자들을 찾으시느니라 하나님은 영이시니 예배하는 자가 영과 진리로 예배할지니라(요 4:23-24)

하나님은 우리의 마음과 심령이 거룩하고 깨끗하기를 원하신다. 나를 이 진리 안에 거하도록 천사가 격려하는 환상을 보았다. 갑자기 성경이 나에게 다가왔다.

대답하여 이르되 네 마음을 다하며 목숨을 다하며 힘을 다하며 뜻을 다하여 주 너의 하나님을 사랑하고 또한 네 이웃을 네 자신 같이 사랑하라 하였나이다(눅 10:27)

나는 다음과 같은 생각을 한다. '오! 주님, 원수들이 세상에 있는 당신의 지체들에게 불신과 의심을 심으려고 합니다. 당신이 우리의 심령 가운데 있다면, 어느 누구도 당신이 우리에게 준 진리와 인애를 빼앗지 못합니다. 어떤 유혹을 받더라도 우리가 당신의 말씀을 의지하며, 당신의 말씀을 믿는 이유입니다. 당신의 말씀이 우리 생각과 다르더라도, 우리는 말씀을 믿고 따를 것입니다.'

진실로 인애와 진리가 함께 할 때, 주님이 얼마나 존귀하여 영광스러운가! 하나님은 자신 안에서 당신을 특별히 부르셨다. 당신이 그분에게 복종하고 거룩한 삶을 산다면(데살로니가전서 5장 23절을 보라), 그분은 당신을 위대하게 쓰실 것이며, 그의 천사들이 항상 당신과 함께할 것이다.

내가 설교를 준비하고 있을 때, 하늘에 있는 많은 큰 천사들을 보았다. 그들은 열심히 일하고 있었는데, 마치 하늘 문에서 끈 같은 덩굴을 잡아당기는 것 같았다. 하늘 문이 열리고 덩굴이 나와서 탁자 위에 놓였다. 많은 천사가 탁자 위에 길게 앉아서 덩굴을 조사하고 있었다. 덩굴에서 나쁜 부분을 발견하고는 큰 칼로 오려내어 다른 부분에 영향을 미치지 못하게 하였다. 하나님이 쓸데없는 가지를 베어내는 방법이라고 생각하면서 예수님의 말씀을 회상했다.

> 나는 포도나무요 너희는 가지라 그가 내 안에, 내가 그 안에 거하면 사람이 열매를 많이 맺나니 나를 떠나서는 너희가 아무 것도 할 수 없음이라 사람이 내 안에 거하지 아니하면 가지처럼 밖에 버려져 마르나니 사람들이 그것을 모아다가 불에 던져 사르느니라 너희가 내 안에 거하고 내 말이 너희 안에 거하면 무엇이든지 원하는 대로 구하라 그리하면 이루리라 너희가 열매를 많이 맺으면 내 아버지께서 영광을 받으실 것이요 너희는 내 제자가 되리라
>
> (요 15:5-8)

주님의 포도나무는 세상 모든 곳에 있다. 어떤 사람은 가

지에서 열매를 맺지만, 어떤 사람은 제거된다. 최선을 다하여 주님을 사랑하고 그의 계명을 지키는 것이 매우 중요하다. 하나님이 우리에게 무엇을 요구하시더라도 우리는 순종해야 한다.

용기를 가지고 하나님의 일을 하라. 당신을 돕고 축복하는 천사들이 하나님으로 받은 말씀으로 당신을 격려한다. 당신이 능력 있게 하나님의 일을 하게 되면, 하나님은 당신에게 특별한 것을 보여주실 것이다. 복음의 사역자들은 예수님이 성령을 통하여 역사하시고 능력을 보여주시며, 천사들은 하나님을 사랑하고 계명을 지키는 종들을 돕고 있다는 진리를 믿어야 한다.

하나님께 복종하면 이 땅에서 이전에 보지 못했던 하나님의 역사를 볼 것이다. 하나님은 자기에게 복종하고, 자기를 신뢰하고, 자기의 말을 믿는 자를 찾으신다. 또한 우리가 그에게 가까이 가기를 원하신다. 하나님은 우리 손에 위대하고 강한 것을 주시려고 준비하고 계신다. 우리는 예수님이 재림할 때까지 열심히 일해야 한다.

주님은 그의 백성에게 은사를 나누어 주신다. 하나님의 일을 할 수 있도록 사람들을 훈련시키기 위하여, 하나님은 그의 거룩한 백성에게 특별한 은사를 주셨다. 하나님은 자신에게 나아오는 사람들을 위해 모든 것을 준비하고 계신다. 따라서 특별한 은사를 받은 자는 사람들을 가르치고, 하나님이 자신들을 얼마나 사랑하시는가를 깨닫도록 도와주면 된다.

인내의 중요성

사탄과 많은 천사가 하나님을 배반하더라고 하나님의 거룩하고 선택받은 천사들은 하나님을 사랑하고 섬기는 일을 중단하지 않는다. 그들은 하나님께 영원토록 헌신하고자 하는 우리들의 모델이다. 하나님은 끝까지 인내하면서 자기에게 헌신하고 충성하는 자에게 다음과 같은 믿음을 주셨다.

> 하나님은 불의하지 아니하사 너희 행위와 그의 이름을 위하여 나타낸 사랑으로 이미 성도를 섬긴 것과 이제도 섬기고 있는 것을 잊어버리지 아니하시느니라 우리가 간절히 원하는 것은 너희 각 사람이 동일한 부지런함을 나타내어 끝까지 소망의 풍성함에 이르러 게으르지 아니하고 믿음과 오래 참음으로 말미암아 약속들을 기업으로 받는 자들을 본받는 자 되게 하려는 것이니라
>
> (히 6:10-12)

예수님이 광야에서 유혹을 하면서 끝까지 달려들었던 사탄과 싸운 사건을 기억하자. 예수님은 진리의 성경 말씀만을

인용하면서 사탄의 유혹을 물리쳤다. 그때 천사들이 와서 예수님께 수종 들었다.

당신과 나도 다른 사람의 도움을 받을 수 없는 유혹에 직면할 때가 있다. 위기 속에 있는 우리를 도와줄 사람을 만나지 못할 때가 많다. 그러나 성경을 통하여 볼 때, 하나님은 결코 우리를 떠나지 않으시며, 싸움에서 이기도록 천사들이 우리를 돕는 것을 알 수 있다. 얼마나 중요한 교훈인가! 우리는 어둠 속에서 살지 않으며, 결코 실패하지도 않는다. 하나님은 우리를 구원해 주시고, 우리에게 힘과 용기를 줄 천사를 보내 주셨다. 하나님을 찬양합니다!

기도의 중요성

마지막으로 10장에서 우리의 기도가 응답받는 것과 중요한 하나님의 구속 사역에 참여하는 천사의 역할을 보았다. 하나님은 성도들의 기도를 통하여 사람들을 구원하시는 목적을 이루신다. 바울은 에베소서 6장 18절에 기도에 대하여 다음과 같이 기록하였다.

> 모든 기도와 간구를 하되 항상 성령 안에서 기도하고 이를 위하여 깨어 구하기를 항상 힘쓰며 여러 성도를 위하여 구하라(엡 6:18)

기도할 때 성령이 당신을 인도해 주시기를 간구하라. 로마서 8장 26-27절에 다음과 같이 말씀하고 있다.

> 이와 같이 성령도 우리의 연약함을 도우시나니 우리는 마땅히 기도할 바를 알지 못하나 오직 성령이 말할 수 없는 탄식으로 우리를 위하여 친히 간구하시느니라 마음을 살피시는 이가 성령의 생각을 아시나니 이는 성령이 하나님의 뜻대로 성도를 위하여 간구하심이니라(롬 8:26-27)

하나님의 뜻에 따라 우리 가족, 조직, 국가를 위하여 기도할 때, 하나님의 구속과 치유와 구원의 역사가 임하시기를 간구하자.

천사와 인간의 하나님

천사에 대한 연구를 통하여, 우리가 섬기는 주님이 하늘과 땅에서 그의 목적을 성취하시는 위대하신 하나님이심을 알게 되었다. 다니엘 4장 35절의 말씀은 진실한 믿음을 지닌 나와 성도들의 심령을 강하게 하신다.

> 땅의 모든 사람들을 없는 것 같이 여기시며 하늘의 군대에게든지 땅의 사람에게든지 그는 자기 뜻대로 행하시나니 그의 손을 금하든지 혹시 이르기를 네가 무엇을 하느냐고 할 자가 아무도 없도다
>
> (단 4:35)

그분은 천사와 사람의 하나님이며, 나의 하나님이시다! 우리는 "아버지여 이름이 거룩히 여김을 받으시오며 나라가 임하시오며(눅 11:2)"라고 항상 기도하자.

PART 4
개인 적용과 그룹 토의

개인 적용과 그룹 토의 질문

1장 : 천사는 존재하는가?

1. 당신은 천사에 대하여 어떤 개념을 가지고 있는가? 이러한 개념들을 어디에서 얻었는가?(예를 들어, 교회, 성경, 그림, 조각, 텔레비전 등)

2. 현대 문화는 천사를 실제적인 존재와 환상적인 존재 중 어느 것으로 또는 두 가지 모두로 묘사하고 있는가?

3. 천사가 당신의 삶 속에서 역사하고 있다고 생각하는가? 만약 그렇다면, 그들이 어떤 일을 하고 있다고 생각하는가?

4. 당신에게 찾아온 천사를 경험한 적이 있는가? 어떤 모습으로 찾아왔으며, 무슨 일이 일어났는가?

5. 메어리 K. 백스터는 자기가 하나님으로부터 천사에 대한 환상과 계시를 받은 목적이 무엇이라고 말하였나?

2장 : 천사에 대한 진실

1. (가) 천사의 본질과 역할에 대하여 확고한 성경적 이해가 없는 사람들이 천사를 연구하는 것이 위험한 이유는 무엇인가?
   (나) 왜 성경이 천사를 이해하는 데 있어서 최고의 자료가 될 수 있는가?

2. 우리가 천사를 경배하거나 천사에게 기도하면 안 되며, 단지 그들의 인도만을 받아야 하는 이유는?

3. 천사가 우리를 돕거나 지원할 때, 이러한 도움은 원래 어디에서 나온 것인가?

4. 예수님이 천사보다 위대하다는 것을 어떻게 알 수 있는가?

5. 천사와 사람을 구별하는 방법은 무엇인가?

6. 어떻게 선한 천사와 천사로 가장한 악한 존재를 구별할 수 있는가?

7. 사탄의 유혹과 악으로부터 당신을 보호할 수 있는 최선의 방법(수단)은 무엇인가?

3장 : 천사의 형상

1. 천사의 본질에 대하여 5가지를 써보라.

2. 영적 존재는 어떤 특성을 가지고 있는가?

3. 천사는 어떻게 하나님의 존재와 인간에 대한 하나님의 섭리와 계획을 아는가?

4. 천사의 수효는 얼마인가?

5. 성경에 기록된 인간에게 나타난 천사의 3가지 유형은 무엇인가?

6. 각각의 유형을 보여주는 성경 말씀 2-3가지를 제시하세요.

7. 왜 우리가 낯선 사람들을 대접해야 한다고 히브리서 저자는 말했는가? 우리가 아는 사람이든 모르는 사람이든 간에 어떤 방법으로 대접해야 하는가?

4장 : 천사의 유형과 지위체제

1. 천상에는 최소한 4종류의 거룩한 존재가 있다고 성경은 알려주고 있다. 4종류는 무엇인가 ?

"____________", "____________"

"____________", 그리고 "____________"

2. 성경은 천사의 지위체제에 대하여 말하고 있다. 성경 저자들은 지위체제를 어떻게 제시하고 있는가?

3. 신자들이 교부시대부터 천사들의 부류와 지위에 대하여 다양한 의견을 갖고 있었다 하더라도, 성경은 천사들이 천국에서 다양한 ____________ 을(를) 갖고 있다는 것을 보여준다.

4. 성경에서 유일하게 천사장으로 언급된 천사는 누구인가? 그의 주요 역할은 무엇인가? 이 천사의 인격이 우리에게 어떤 감명을 주었는가?

5. 성경에서 독특한 역할을 한 천사(천사장일 수도 있음)는 누구인가? 그의 주요 역할은 무엇인가? 이 천사의 인격이 우리에게 어떤 감명을 주었는가?

6. 성경에 확실하게 나타나 있는 특별한 두 부류의 천사는?

7. 현대 문화가 갖고 있는 그룹에 대한 생각을 기술하라.

8. 성경에 기록된 그룹의 모양과 그의 역할은 무엇인가?

9. 그룹이 하나님을 배반하여 하늘의 지위에서 쫓겨난 이유는 무엇인가? 이것이 우리에게 주는 교훈은 무엇인가?

10. 스랍(치품천사)은 어떤 모습을 갖고 있는가? 그들의 역할은 무엇인가?

11. 우리가 하나님과의 좋은 관계를 맺는 데 있어서, 치품천사(스랍)에게서 배울 점은 무엇인가?

12. '주님의 천사들' 또는 '주의 천사'가 가지고 있는 의미는 무엇인가?

5장 : 천사의 영적 사역

1. 모든 천사의 기본적인 역할은 무엇인가?

2. 천사들의 두 번째 중요한 역할은 무엇인가?

3. 천사들이 그리스도 안에서 영원한 생명을 얻은 사람들을 위하여 일하고 있는 것을 기록한 성경구절은?

4. 하나님의 천사들이 하나님의 백성을 위하여 하고 있는 8가지 사역을 써보라.

5. 저자는 '방어적인 천사'와 '공격적인 천사'를 어떻게 정의하였는가?

6. 천사들의 세 번째 중요한 역할은 무엇인가?

7. 천사들의 네 번째 중요한 역할은 무엇인가?

8. 네 번째 역할에서 나타난 3가지 측면은 무엇인가?

9. 이 장에서 강조하고 있는 천사들의 역할이 당신과 하나님과의 관계와 하나님을 위한 사역에 어떤 변화를 주었는가?

6장 : 천사와 보호

1. 천사들은 우리의 영적 ________ 이다.

2. 시편 91편에는 왜 하나님의 백성이 보호받는다고 기록되어 있는가?

3. 메어리 K. 백스터가 부모들에게 자녀를 대신하여 하라고 강권하고 있는 것은 무엇인가? 그리고 그 이유는 무엇인가?

4. 저자가 특별한 시간을 정해 놓고 자녀를 위하여 기도하는 이유는 무엇인가?

5. 자신이 무엇을 위하여 기도하는지 완전히 알지 못할 때에도 기도해야 하는 이유는 무엇인가?

6. 당신은 어떤 상황인지 알지 못한 채 사람이나 사건을 위하여 기도하도록 성령의 재촉을 받은 경험이 있는가? 당신은 어떻게 반응했는가? 그리고 그 이유를 알았는가? 당신은 이러한 체험을 통하여 무엇을 배웠는가?

7. 메어리 K. 백스터는 목회를 할 때, 천사가 어떻게 자신을 보호해 주었는지에 대하여 이야기했다. 하나님이 보호하는 천사가 어려운 상황에서도 다른 사람에게 복음을 전하도록 당신에게 용기를 준 것을 어떻게 알 수 있는가?

8. 저자는 '보혈의 속죄' 또는 '보혈의 언약' 을 어떻게 정의하고 있는가?

9. 우리가 아버지, 아들, 성령께 헌신한다는 의미는 무엇인가?

10. 이 장을 통하여 당신은 우리 모두를 보호하시는 하나님에 대하여 무엇을 배웠는가?

7장 : 천사와 하나님의 말씀

1. 메어리 K. 백스터가 본 불타는 제단에 대한 환상에서 불은 무엇을 상징하는가? 하나님의 말씀이 선포될 때, 저자에게 무엇이 일어났다고 말하였는가?

2. '하나님 제단을 재건' 한다는 의미는 무엇인가?

3. 어떻게 심령의 제단을 깨끗하게 하여 하나님께 드릴 수 있을까?

4. 불 가운데 있는 영광과 능력이 전달된다는 것은 무슨 의미인가?

5. 우리가 사랑하는 사람의 구원을 위하여 기도할 때, 성경이 우리에게 약속한 두 가지는 무엇인가?

6. 하나님의 말씀은 사탄에게 어떤 영향을 미치는가?

7. 하나님 말씀이 지닌 영향력에 대하여 기록한 두 가지 성경구절은 무엇인가?

8. 당신은 하나님의 말씀을 읽고, 묵상하고, 기억하고, 믿고, 적용하고, 순종하고 있는가? 당신은 어떤 방법으로 이것들을 하고 있는가?

9. 하나님의 말씀에 더욱 헌신하기 위하여 당신이 할 수 있는 특별한 조치는 무엇인가? 이것이 당신의 삶을 어떻게 변화시켰는가?

10. 당신은 하나님의 말씀과 믿음을 어렵고 힘든 생활에 어떻게 적용시키려고 하는가?

8장 : 천사와 하나님의 불

1. 하나님의 불이 성취하고자 하는 두 가지 일은 무엇인가?

2. '묵은 누룩을 내버리라(고전 5:7)' 는 말씀이 의미하는 것은 무엇인가?

3. 사람들이 주님에 의해서 치료를 받을 때, 뜨거움을 느끼는 이유는 무엇인가?

4. 아모스 7장 7-8절에서 주님의 손에 있는 다림줄은 무엇을 의미하는가?

5. 이사야 28장 17절에는 하나님이 우리의 삶을 측량할 때, 어떤 평가기준을 사용하신다고 기록되어 있는가?

6. 메어리 K. 백스터는 오늘날에도 하나님의 심판이 임하고, 우리 가운데 '다림줄' 이 놓여 있다고 믿는다. 우리는 하나님의 심판에 대비하여 무엇을 해야 하는가?

7. 우리가 삶 속에서 죄를 고백하는 것을 거부할 때 어떤 일이 일어날 수 있는가?

8. 죄를 범하고 하나님 앞에서 거짓을 행할 때 일어나는 두 가지 결과는 무엇인가?

9. 예수님은 우리를 죄에서 ______ 하고, 영원한 형벌에서 ______ 하기 위하여 이 땅에 오셨다.
우리는 ______ 하시는 전능하신 하나님을 섬겨야 한다.

10. 당신은 평소에 하나님의 징계와 책망에 대하여 어떻게 반응하는가? 그것을 무시하거나 저항하는가? 또는 하나님이 용서, 성령, 말씀으로 당신을 새롭고 청결하게 하시도록 간구하는가?

11. 당신의 죄와 부족함이 확실하게 드러나고, 하나님의 사랑의 징계에 굴복하기 위하여 특별히 해야 하는 것은 무엇인가?(요한일서 1장 7-8절, 시편 119장 9-11절, 갈라디아서 5장 16절을 보라)

12. 성령님이 당신에게 회개하도록 명령한 것이 있는가? 당신은 어떻게 할 것인가?

9장 : 천사와 구원

1. 우리가 하나님과 올바른 관계를 맺고 있으면서, "환난 날에 나를 부르라(시 50:15)"는 말씀처럼 기도할 때 일어나는 두 가지 일은 무엇인가?

2. 본 장에서 저자는 구원, 치료, 구속에 대하여 여러 번 언급하고 있다. 어떤 일이 있었는가?

3. 예수님의 고난과 십자가의 희생에 대한 저자의 믿음이 고통에 대하여 어떤 생각을 갖게 했는가? 이것이 환난에 대한 당신의 생각에 어떤 영향을 주고 있는가?

4. 하나님의 능력으로 구원을 얻은 사람은 구원을 유지하기 위하여 어떤 변화가 일어나도록 해야 하는가?

5. 구원의 다른 측면을 이사야 10장 27절에서는 "그 날에 그의 무거운 짐이 네 어깨에서 떠나고 그의 멍에가 네 목에서 벗어지되 ________ 까닭에 멍에가 부러지리라"라고 기록하고 있다.

6. 멍에로부터 벗어나기 위하여 해야 할 두 가지 일은 무엇인가?

7. 메어리 K. 백스터는 거짓 신과 우상에게 경배하는 것이 믿는 자들 앞에서 행해지고 있는 오늘날에 무엇이 일어나고 있다고 말했는가?

8. 사탄은 예수의 ______ 으로 물러가고 그가 공격했던 사람을 풀어준다.

9. 우리가 사탄이나 귀신을 쫓아내려고 할 때 우선적으로 우리가 지녀야 할 것은 무엇인가?

10. 왜 하나님은 사탄을 항상 물리치실 수 있는 것일까?

11. 구원의 말씀을 전하려고 할 때 당신이 할 수 있는 일은 무엇인가?

12. 다음의 말씀을 기억하고 묵상하면서 하나님의 구원 위에 믿음을 굳게 세워라.

주께서 나를 모든 악한 일에서 건져내시고 또 그의 천국에 들어가도록 구원하시리니 그에게 영광이 세세무궁토록 있을지어다 아멘 (딤후 4:18)

주께서 경건한 자는 시험에서 건지실 줄 아시고 불의한 자는 형벌 아래에 두어 심판 날까지 지키시며(벧후 2:9)

여호와의 천사가 주를 경외하는 자를 둘러 진 치고 그들을 건지시는도다(시 34:7)

가난한 자를 보살피는 자에게 복이 있음이여 재앙의 날에 여호와께서 그를 건지시리로다 여호와께서 그를 지키사 살게 하시리니 그가 이 세상에서 복을 받을 것이라 주여 그를 그 원수들의 뜻에 맡기지 마소서 여호와께서 그를 병상에서 붙드시고 그가 누워 있을 때마다 그의 병을 고쳐 주시나이다(시 41:1-3)

10장 : 천사와 기도

1. 우리가 천사와 함께 예배한다는 근거는 무엇인가? 우리가 예배할 때 하나님께 드려야 하는 제물은 무엇인가?

2. 요한계시록 8장 3-4절에 따르면, 성도들이 기도할 때 어떤 일이 일어나는가?

3. 천사가 응답을 돕는 네 가지 기도 유형은 무엇인가?

4. 메어리 K. 백스터가 다른 사람을 위하여 기도할 때, 하나님이 그녀에게 주신 네 가지 기도 방법은 무엇인가?

5. 믿는 자는 언제 기도해야 하는가?

6. 믿는 자의 기도가 하나님께 얼마나 중요한가?

7. 당신은 믿는 자의 기도가 구속, 치료, 기적, 구원의 효력이 있다는 본 장의 내용에서 무엇을 배웠는가?

8. 이 땅에서 하나님의 목적이 성취되기 위하여 당신의 기도가 필요하다는 것을 심각하게 받아들이고 있는가?

9. 당신의 기도생활을 향상시키고, 하나님의 용서와 깨끗함과 구원이 필요한 사람을 위하여 기도하는 데 있어서 지금 당신이 특별히 해야 할 일은 무엇인가?

11장 : 천사의 활동 목적

1. 천사에 대한 연구가 영적인 면에서 우리에게 어떤 도움을 주는가?

2. 천사에 대하여 배울 때, 우리는 어디에 초점을 두어야 하는가?

3. 하나님은 당신이 가지고 있는 모든 ___________ 을 위하여 천사를 거느리고 있다.

4. 하나님의 말씀과 천사들은 항상 하나님의 ________ 을 성취하기 위하여 ___________ 하고 있다.

5. 하나님은 우리가 그의 목표를 성취하는 데 참여하기를 원하신다. 하나님을 사랑하고 섬기는 데 있어서 우리가 갖추어야 할 중요한 6가지 진리를 써보라.

6. 천사들은 우리가 하나님께 __________ 하고 예배하는 데 있어서 모델이 된다.

7. 우리의 믿음을 위하여 우리를 대신하여 일하고 있는 천사의 사역에서 무엇을 배워야 하는가?

8. 하나님을 절대적으로 믿으려면 무엇에 중점을 두고 전심을 다해야 하는가?

9. 우리가 거짓 천사와 악한 영을 분별하기 위하여 먼저 해야 할 두 가지 일은 무엇인가?

10. 당신은 진실한 천사와 거짓 하늘 존재가 있다고 생각하는가? 이렇게 생각하는 이유는 무엇인가?

11. 하나님은 자기를 사랑하기 위해서는 인애와 진리를 가져야 한다고 말씀하신다. 어떻게 우리의 심령 속에 인애와 진리가 함께 거하게 할 수 있을까?

12. 그리스도 안에 머물고 하나님의 말씀을 공경할 때에만 하나님께 순종할 수 있다. 당신은 그리스도 안에 머물고 있는가? 아니면 영적 생활의 근원에서 벗어나 표류하고 있는가? 당신 자신이 포도나무 되시는 예수 그리스도께 붙어 있기 위하여 지금 해야 할 일은 무엇인가?

13. 우리가 두 가지를 통하여 하나님의 기업을 상속받을 수 있다고 히브리서 6장 12절에 기록되어 있다. 이 두 가지는 무엇일까?

14. 성령님은 우리의 기도를 어떻게 돕고 있는가?(로마서 8장 26-27절을 보라)

15. 하나님은 ________ 와 ________ 의 하나님이시다.

핵심 열쇠

1장 : 천사는 존재하는가?

1. 대답은 다양하다.

2. 대답은 다양하다.

3. 대답은 다양하다.

4. 대답은 다양하다.

5. 메어리 K. 백스터는 교회와 믿지 않는 자들을 위하여

환상과 계시를 하나님께로부터 받았다고 말한다. 환상과 계시는 하나님이 그의 백성 가운데에서 역사하고 계신다는 증거이다. 계시는 하나님께 존귀와 영광을 드리고 그의 백성을 하나님께 가까이 가도록 한다. 하나님은 그의 백성에게 소망과 용기를 주시고자 하며, 그들을 사랑하고, 구속하고, 치료하고, 구원하기 위하여 함께 하고 계신다.

2장 : 천사에 대한 진실

1. (가) 천사에 대하여 교회뿐 아니라 사회에서 가르치고 있는 내용 중 많은 부분이 거짓이며, 사람들을 유혹한다. 모든 천사가 거룩하고 선한 것은 아니다. 악한 천사는 사탄으로 우리를 돕기보다는 유혹하고 해친다. 우리는 거짓 천사를 분별하기 위하여 하나님의 진실한 천사에 대하여 자세히 알아야 한다.

   (나) 성경은 하나님 자신의 말씀이며, 완전한 진리이기 때문이다.

2. 천사들은 하나님이 아니다. 그들은 하나님을 돕기 위하여 창조된 피조물이다. 진실한 천사는 사람들로부터 경

배를 받지 않고, 인간과 함께 하나님을 경배하며 섬긴다. 천사에게 기도하는 것은 광명의 천사로 가장한 악한 천사에게 유혹된 것이다(고린도후서 11장 14절을 보라).

3. 하나님은 우리를 돕기 위하여 천사에게 능력을 주어 우리에게 보내주신 유일한 분이시다.

4. 예수님은 하나님이시며, 천사를 창조하셨다. 그분이 사람으로 세상에 올 때, 잠시 영광의 자리를 떠난 것일 뿐 그분의 존재와 신성은 변화하지 않았다. 그분은 우리를 구원하기 위하여 십자가에서 죽으심으로 잠시 동안 '천사보다 낮은(시 8:5)' 자리에 있었으나 승리 가운데 부활하셨다. 그분이 승천하실 때, 하나님은 그에게 모든 천사와 사람, 사탄과 악한 영들을 포함하여 하늘과 땅의 모든 권세를 주셨다.

5. 천사는 하나님의 말씀으로 사람보다 먼저 창조되었으며, 하나님과 인간의 중간 위치에 있다. 천사와 인간은 항상 구별된다. 인간이 죽어서 천사가 될 수 없다. 천사는 영적 지식, 능력, 이동성 면에서 인간보다 우월하다. 하나님의 천사는 하나님께 범죄하지 않는다. 우리가 이

세상에 있는 동안 죄성으로 인하여 천사와 동일한 도덕적 선을 이룰 수 없다. 그러나 인간은 궁극적으로 천사보다 더 높은 위치에 오른다. 하나님은 타락한 인간을 구원하시기 위해 그의 아들을 보내주셨다. 우리는 주님의 보혈로 구원받았고 예수님의 의를 소유하게 되었다. 바울은 예수님이 재림하실 때, 성도들이 영광된 자리에 있을 것이라고 기록하였다(로마서 8장 18, 30절을 보라). 그때에 우리는 천사보다 높은 자리에게 그들을 심판한다(고린도전서 6장 3절을 보라).

6. 성경은 천사들이 믿을 만한 존재인가를 시험해 보라고 말씀하고 있다. "이로써 너희가 하나님의 영을 알지니 곧 예수 그리스도께서 육체로 오신 것을 시인하는 영마다 하나님께 속한 것이요 예수를 시인하지 아니하는 영마다 하나님께 속한 것이 아니니 이것이 곧 적그리스도의 영이니라 오리라 한 말을 너희가 들었거니와 지금 벌써 세상에 있느니라(요일 4:2-3)" 영적 존재가 구주 예수의 신성, 인성, 구속을 부정한다면, 그는 하나님으로부터 온 천사가 아니다. 또한 예수님보다 자기에게 관심을 갖도록 하는 천사들은 우리를 미혹하는 사탄이다. 우리는 영들을 분별하기 위하여 하나님의 말씀을 항상 읽고 묵상해야 한다.

7. 원수의 미혹과 사탄으로부터 당신이 절대적으로 보호받기 위해서는 주 예수 그리스도를 믿고 그분을 구주로 영접하는 것이다. 그분은 당신을 용서해 주고 깨끗하게 해 주시며, 능력으로 보호해 주신다. 그분은 성령을 우리에게 선물로 주셨으며, 하나님을 섬기며 복종하도록 하였다. 당신이 하나님의 자녀가 되었다면, 천사들이 당신을 보호할 것이다. 천사에 대하여 배울 때, 원수에게 유혹되지 않도록 하나님의 인도 하심을 간절히 예수님의 이름으로 기도해야 한다.

3장 : 천사의 형상

1. 천사는 (1) 영적 존재이다. (2) 거룩하다. (3) 선택받았다. (4) 지적이지만 전지하지는 않다. (5) 능력이 있지만 전능하지는 않다.

2. 영적인 존재에게는 죽음이 없으며, 시간과 공간과 같은 물리적 제약을 받지 않으며, 성의 구별이 없다.

3. 천사들은 하나님이 보여주신 것과 알려주신 것만 알 수 있다. 천사들은 하나님이 그의 백성 안에서 그리고 그

의 백성을 통하여 하신 일을 봄으로써만 상황을 알 수 있다. 바울은 하나님이 그의 거룩한 천사들에게 사건을 보여주시기 위하여 교회를 어떻게 사용하고 계시는가를 기록하였다(고린도전서 4장 9절, 에베소서 3장 8-10절을 보라).

4. 천만 이상이다(요한계시록 5장 11절, 히브리서 12장 22절을 보라).

5. 성경에서, 천사들은 인간에게 (1) 빛나고 찬란한 모양, (2) 이상한 형태, (3) 인간의 형상으로 나타났다.

6. 대답은 다양하다.

7. 히브리서 13장 2절은 "손님 대접하기를 잊지 말라 이로써 부지중에 천사들을 대접한 이들이 있었느니라(히 13:2)"라고 말씀하고 있다. 천사들이 사람으로 가장해서 우리에게 올 수 있기 때문에 이방인들을 친절하게 대접해야 한다. 성경은 사람뿐 아니라 보이지 않는 그의 거룩한 천사들을 사랑하라고 말씀하셨다.

"누구든지 하나님을 사랑하노라 하고 그 형제를 미워하면 이는 거짓말하는 자니 보는 바 그 형제를 사랑하지 아니하는 자는 보지 못하는바 하나님을 사랑할 수 없느니라(요일 4:20)"

4장 : 천사의 유형과 지위체제

1. 천사들, 천사장, 그룹, 스랍(치품천사)

2. 마태는 예수님의 말씀을 인용하여 "천사의 군대(마 26:53)", 유다는 천사장 미가엘을 언급하였고, 바울은 "천사장의 소리(살전 4:16)"를 말하였다. 성경 여러 곳에서 다른 천사의 조직을 볼 수 있다(로마서 8장 38-39절, 에베소서 1장 20-22절, 3장 9-10절, 골로새서 1장 16절을 보라).

3. 유형, 지위

4. 미가엘은 성경에게 유일하게 언급된 천사장이다. 그는 악마와 악한 권세자들과 영적 싸움을 하며, 하나님을 위한 전쟁에서 최고 사령관으로 나타난다. 그는 하나님의 목적과 그의 나라를 위하여 하나님께 충성하고 복종하도록 우리에게 감명을 주었다.

5. 가브리엘은 성경에서 두드러진 역할을 하는 것으로 기록된 또 다른 천사로 천사장일 수도 있다. 그는 메시아 예수와 마지막 날에 대한 하나님의 목적과 계획을 알리는 임무를 담당하였다. 우리는 하나님과 말씀, 그의 역사에 대한 가브리엘의 존경에 감동을 받아서 우리 자신의 삶 속에 살아계셔서 역사하시는 하나님을 섬겨야 한다.

6. 그룹, 스랍(치품천사)

7. 현대 사회는 그룹을 날개를 가진 작은 아기 천사로 생각한다.

8. 그룹은 하나님과 밀접한 관계를 맺고 있는 능력 있고 거룩한 존재이다. 그의 순수함과 거룩함은 에스겔 10장 1-21절에 상세하게 기록되어 있다. 또한 그룹, 사람, 사자, 독수리의 얼굴을 가지고 있다.

9. 루시퍼 또는 사탄은 하나님을 배반한 그룹이다. 루시퍼의 타락은 죄의 결과가 얼마나 심각한가를 알려준다. 또한 우리가 이전에 무슨 죄를 범하였더라도 우리를 대신하여 죽으신 그리스도로 말미암아 하나님과의 관계

가 회복되는 것을 알려준다. 히브리서 2장 16절에서는 "이는 확실히 천사들을 붙들어 주려 하심이 아니요 오직 아브라함의 자손을 붙들어 주려 하심이라"라고 말씀하신다.

10. 스랍은 하나님의 보좌 위에서 모든 천사보다 하나님께 가까이 있다. 이사야 6장 1-4절에서는 스랍은 날개를 가지고 하나님의 거룩함과 영광을 찬송하는 능력 있는 존재로 기록하고 있다. 하나님 영광 앞에서 둘은 얼굴을 가리고, 둘은 발을 가렸으며, 단지 두 개만으로 나는 데 사용한다.

11. 스랍은 거룩한 하나님을 송축하는 지혜로운 존재이다. 그들의 열정적인 사랑과 헌신은 우리가 하나님의 사랑에 깊이 들어가도록 감동을 준다.

12. 성경에는 "주님의 천사들", "주님인 천사"라는 기록들이 있다. 이것은 하나님의 천사 중 하나, 하나님 자신, 성육신하기 전의 주 예수 그리스도를 지칭하기도 한다.

5장 : 천사의 영적 사역

1. 천사의 기본적인 역할은 성부 하나님, 성자 예수 그리스도를 찬양하고 경배하는 것이다.

2. 천사들은 하나님의 좋은 종이다. 그들은 하나님의 뜻을 수행하는 대리인으로 하나님과 그의 백성을 위해 주야로 일한다.

3. 히브리서 1장 14절 "모든 천사들은 섬기는 영으로서 구원 받을 상속자들을 위하여 섬기라고 보내심이 아니냐"

4. (1) 하나님으로부터 말씀을 위임받는다. (2) 하나님의 말씀을 전달한다. (3) 하나님의 백성을 인도한다. (4) 하나님의 백성을 위로하고 격려한다. (5) 하나님의 사람을 지지한다. (6) 하나님의 백성을 보호하고 구출한다. (7) 복음을 확장시킨다. (8) 하나님의 사람을 천국으로 옮긴다.

5. 방어하는 천사는 우리를 상해와 위험과 사탄의 모든 유혹으로부터 보호해 준다. 그들은 수호천사로서 일한

다. 그들은 우리가 모르는 사이에도 우리를 보호한다. 공격하는 천사는 권세자, 우두머리, 악령, 어둠의 주관자 그리고 하나님의 사역에 반대되는 모든 것에 대항하여 싸운다.

6. 천사들은 하나님의 존귀와 영광을 지킨다. 그들은 하나님의 전쟁을 돕고 하나님의 심판을 집행한다.

7. 천사들은 종말 사건에 참여한다. 그들은 옛 하늘과 땅이 사라지고 새 하늘과 땅이 도래하는 마지막 날에 예수 그리스도의 재림을 돕는다.

8. 첫째, 천사들은 예수님이 재림할 때 함께 한다. 둘째, 심판날에 불순종한 자들을 추수한다. 셋째, 영원한 생명을 누릴 의인들을 모은다.

9. 대답은 다양하다.

6장 : 천사와 보호

1. 수호자

2. 네가 말하기를 여호와는 나의 피난처시라 하고 지존자를 너의 거처로 삼았으므로 화가 네게 미치지 못하며 재앙이 네 장막에 가까이 오지 못하리니 그가 너를 위하여 그의 천사들을 명령하사 네 모든 길에서 너를 지키게 하심이라 그들이 그들의 손으로 너를 붙들어 발이 돌에 부딪히지 아니하게 하리로다 네가 사자와 독사를 밟으며 젊은 사자와 뱀을 발로 누르리로다 하나님이 이르시되 그가 나를 사랑한즉 내가 그를 건지리라 그가 내 이름을 안즉 내가 그를 높이리라 그가 내게 간구하리니 내가 그에게 응답하리라 그들이 환난 당할 때에 내가 그와 함께 하여 그를 건지고 영화롭게 하리라 내가 그를 장수하게 함으로 그를 만족하게 하며 나의 구원을 그에게 보이리라 하시도다(시 91:9-16)

3. 메어리 K. 백스터는 부모들에게 자녀를 위하여 기도하도록 강권하고 있다. 왜냐하면, 자녀의 안전은 부모들의 간절한 기도에 달려있기 때문이다.

4. 성령이 기도하는 동안 특별한 방법으로 간섭하여 주시고, 성령 안에서 간절히 기도할 수 있기 때문이다.

5. 성령이 인도하시는 것으로 믿고 기도할 때 즉시 응답을 받기 때문이다.

6. 대답은 다양하다.

7. 대답은 다양하나 가장 확실한 것은 천사가 우리를 보호하여 주며, 우리 곁에 있기 때문이다.

8. 그리스도 안에서 이루어지는 우리의 구원은 그의 값진 보혈로 인한 구속이라는 사실이다. 우리가 사람들을 위하여 기도할 때, 하나님은 그리스도의 보혈이 사람들을 보호하고 있다는 것을 우리에게 알려주며, 우리는 "나는 그리스도의 보혈, 하나님의 언약으로 당신을 보호해 줍니다."라고 말할 수 있다. 하나님은 사람들이 그의 목적과 섭리를 알기를 원한다. 하나님은 당신과 나를 위하여 예수님을 잔혹한 십자가에 내어 주셨으며, 이로 인하여 우리는 영원한 생명을 얻었다. 예수님은 우리 죄를 완전하게 씻어주시려고 죽으셨다. 하나님은 십자가와 성도를 보호하고 있는 보혈의 언약이 얼마나 중요

한 것인가를 나에게 보여 주었다. 우리가 보혈의 능력을 간구할 때, 예수께서 자신의 속죄 사역을 통하여 우리와 가족들을 보호하여 주심을 믿게 된다. 이때, 천사들이 즉시 와서 우리를 감싸 주시고 보호하여 주신다. 우리는 보혈의 언약을 통하여 우리 가족과 우리 자신을 보호해 주는 울타리를 세울 수 있는 것이 아닌가!

9. 내가 하나님 아버지, 성자 예수, 성령께 헌신하고자 결단할 때, "이것은 하나님의 영역에 속한 것이다."라고 말한다. 나는 천사들이 영으로 하늘로부터 내려와서 나의 사역 가운데 있는 것을 보았다. 영적 원수가 나를 공격할 때, 천사들은 나를 지원해 준다. 왜냐하면 내가 사역하고 있는 영토는 하나님께 헌신하는 곳이기 때문이다.

10. 대답은 다양하다.

7장 : 천사와 하나님의 말씀

1. 존귀하고 거룩한 하나님의 진리의 말씀이 선포되는 제단에 나타난 불은 "품위와 질서가 있게(고전 14:40)" 하고 그리스도의 사랑을 나타내는 것이다. 말씀이 선포될

때, 그의 백성이 성결해지고, 성령이 백성의 삶에 구원과 말씀 성취를 가져다 준다.

2. 진리가 선포되고 하나님의 길을 걷는 것이다.

3. 하나님의 거룩하심과 의로우심을 인정하는 것이다. 즉 우리 삶을 솔직하게 고백하고, 죄를 회개하며, 추한 행동을 돌이키고, 새로운 결단을 하는 것이다. 이때, 하나님은 우리를 깨끗하게 하고 구원해 주신다.

4. 하나님이 말씀 안에서 하신 모든 것을 성취하신다는 뜻이다.

5. "곧 너를 사랑하시고 복을 주사 너를 번성하게 하시되 네게 주리라고 네 조상들에게 맹세하신 땅에서 네 소생에게 은혜를 베푸시며 네 토지 소산과 곡식과 포도주와 기름을 풍성하게 하시고 네 소와 양을 번식하게 하시리니(신 7:13)"

6. 하나님의 말씀은 "성령의 검(엡 6:17)" 이며, 원수를 물리친다.

7. “나는 여호와라 내가 말하리니 내가 하는 말이 다시는 더디지 아니하고 응하리라 반역하는 족속이여 내가 너희 생전에 말하고 이루리라 나 주 여호와의 말이니라 하셨다 하라(겔 12:25)”

“하나님의 말씀은 살아 있고 활력이 있어 좌우에 날선 어떤 검보다도 예리하여 혼과 영과 및 관절과 골수를 찔러 쪼개기까지 하며 또 마음의 생각과 뜻을 판단하나니(히 4:12)”

8. 대답은 다양하다.

9. 대답은 다양하다.

10. 대답은 다양하다.

8장 : 천사와 하나님의 불

1. 하나님의 불은 (1) 그의 백성을 부흥, 성결, 치료하고, (2) 하나님을 버린 자들을 심판한다.

2. 우리의 삶에서 죄와 불순종을 제거하고 우리 심령 속에 예수 그리스도의 인격과 영을 소유하는 것이다.

3. 질병과 연약함을 태우는 하나님의 능력에서 나온 불과 열을 느끼기 때문이다.

4. 다림줄은 하나님께서 이스라엘 백성이 영적으로 올바르게 서 있는가를 측량하는 상징적인 도구이다.

5. "나는 정의를 측량줄로 삼고 공의를 저울추로 삼으니 우박이 거짓의 피난처를 소탕하며 물이 그 숨는 곳에 넘칠 것인즉(사 28:17)"

6. 우리는 전심을 다하여 하나님께 헌신해야 한다. 하나님은 늦기 전에 백성이 회개하고 돌아오기를 원하시고 있다. 우리는 사탄이 이러한 진리를 듣지 못하도록 영혼을 혼미하게 만들도록 허용해서는 안 된다. 우리의 생명은 구주 예수 그리스도와 그의 의를 믿을 때에만 올바르고 진실한 것으로 측량된다. 그리스도의 의는 십자가의 죽으심으로 우리에게 주신 사죄의 은총이다. 우리는 믿음과 순종으로 그의 의에 머물러야 한다.

우리는 하나님이 불로 우리 죄를 소멸시키시고, 거룩한

말씀으로 정결하게 하시도록 간구해야 한다. 나는 기도 중에 하나님의 천사가 불로 가득 찬 다림줄을 사용하는 것을 보았다. 우리는 구주의 재림을 준비해야 한다.

7. 하나님을 대항하는 마음이 점점 완악해진다.

8. 첫째, 그리스도의 의와 거룩에서 멀어진다. 둘째, 타락하고 거짓과 죄악으로 가득하게 된다.

9. 구속, 구원, 사랑, 보호

10. 대답은 다양하다.

11. 대답은 다양할 수 있으나, 하나님 앞에서 나의 죄를 인정하고, 회개하고, 하나님의 용서와 그리스도의 깨끗하게 하여 주심을 받는다. 하나님의 말씀에 따라 살고, 전심으로 하나님을 찾고, 마음속에 말씀을 간직한다. 마지막으로 성령의 인도 하심을 받는다.

12. 대답은 다양하다.

9장 : 천사와 구원

1. 하나님은 우리를 구원하여 주시고 영화롭게 하신다.

2. 하나님의 현존, 십자가의 능력, 하나님의 사랑

3. 저자는 하나님의 사랑을 이루신 예수님에 대하여 큰 존경심을 가지고 있다. 하나님은 우리를 구원하시기 위하여 그의 아들을 내어주실 정도로 우리를 사랑하신다. 우리는 이 땅에 사는 동안 하나님의 말씀으로 사탄의 왕국을 붕괴시켜야 한다. 하나님이 우리를 위하여 하신 그 일을 우리는 계속해야 한다. 하나님은 나의 눈물을 닦아 주시면서 "그는 실로 우리의 질고를 지고 우리의 슬픔을 당하였거늘 우리는 생각하기를 그는 징벌을 받아 하나님께 맞으며 고난을 당한다 하였노라(사 53:4)"는 말씀을 생각나게 했다. 하나님은 나의 친척이 자유함을 얻을 것을 나에게 확신시켜 주셨다. "이르되 주 예수를 믿으라 그리하면 너와 네 집이 구원을 받으리라 하고(행 16:31)"

4. 첫째, 사역자들은 그를 위하여 계속 기도하고, 상담하고 가르쳐야 한다. 둘째, 두 마음을 품지 말고 오직 예

수 그리스도만 섬겨야 한다. 마지막으로, 하나님의 말씀에 순종하고 죄에서 멀어져야 한다. 더 나아가 하나님께 가까이 머물고, 예배하고 기도하고, 찬양해야 한다.

5. 기름진

6. 영혼이 하나님 앞에서 정직해야 한다는 것은 가장 중요한 일이며, 다음으로는 당신에게 잘못을 범한 자를 용서해 주는 것이다. 하나님 말씀으로 당신을 모함하거나 해를 입힌 사람을 용서해야 한다. 왜냐하면 하늘에 계신 아버지가 당신을 용시해 주셨기 때문이다. "너희가 사람의 잘못을 용서하면 너희 하늘 아버지께서도 너희 잘못을 용서하시려니와 너희가 사람의 잘못을 용서하지 아니하면 너희 아버지께서도 너희 잘못을 용서하지 아니하시리라(마 6:14-15)"

7. 하나님은 그의 백성의 간절한 기도를 들으시고 나라를 우상의 악령과 우상을 경배하는 것에서 구원하기 위하여 천사를 보내셨다. 하나님은 포로된 자를 자유롭게 하며, 무거운 짐을 벗겨주시고, 눈에서 '비늘' 을 벗겨 진리를 믿게 하였다.

8. 이름

9. 존경심과 믿음으로 구주의 이름을 부르고 정직한 관계를 갖는 것이다.

10. 첫째, 하나님은 신이시며 영원하지만 사탄은 피조물에 불과하기 때문이다. 사탄은 결코 하나님처럼 전능자, 전지자, 무소부재자가 아니다. 우리 주 예수 그리스도는 사탄과 어떠한 귀신보다도 항상 강하다. "하늘에 오르사 하나님 우편에 계시니 천사들과 권세들과 능력들이 그에게 복종하느니라(벧전 3:22)" 더 나아가 하나님은 자신의 역사와 계획을 성취하기 위하여 수많은 천사를 거느리고 있다. 사탄이 아무리 많은 귀신을 갖고 있더라도, 하나님의 거룩한 천사가 숫자가 더 많다. 하나님은 항상 승리하시고 구원을 이루신다. "여호와는 나의 반석이시요 나의 요새시요 나를 건지시는 이시요 나의 하나님이시요 내가 그 안에 피할 나의 바위시요 나의 방패시요 나의 구원의 뿔이시요 나의 산성이시로다(시 18:2)"

11. 대답은 다양하다.

10장 : 천사와 기도

1. 하나님께 드리는 예배는 오직 예수 그리스도의 희생이 있었기에 가능하다. 예수 그리스도가 우리를 하나님과 화해시키고, 하나님과의 관계를 회복시키기 위하여 십자가에서 희생하였기에 우리가 예배드릴 수 있는 것이다. 더 나아가 우리 자신을 희생 제물로 드리고, 찬송의 제사를 드릴 때 진정한 예배가 되는 것이다.

2. "또 다른 천사가 와서 제단 곁에 서서 금 향로를 가지고 많은 향을 받았으니 이는 모든 성도의 기도와 합하여 보좌 앞 금 제단에 드리고자 함이라 향연이 성도의 기도와 함께 천사의 손으로부터 하나님 앞으로 올라가는지라(계 8:3-4)"

3. (1) 구속 (2) 치료 (3) 기적 (4) 구원

4. (1) 성경 말씀을 통하여 기도하는 방법 (2) 매고 푸는 방법(마태복음 18장 18절을 보라) (3) 예수의 보혈에 호소하는 방법 (4) 하나님 말씀에 의지하는 방법

5. 우리는 기도하도록 부름 받았기 때문에 한시라도 기도

하는 것을 잊어서는 안 된다. 성령이 기도하도록 우리를 재촉할 때, 어디에 있든지 기도해야 한다. 바울은 성령 안에서 "쉬지 말고 기도하라(살전 5:17)" 고 권면한다.

6. 하나님의 말씀을 믿는 사람들의 기도를 통하여, 하나님은 우리와 함께할 천사들을 보내시고, 구원과 치료를 베푸신다.

7. 대답은 다양하다.

8. 대답은 다양하다.

9. 대답은 다양하다.

11장 : 천사의 활동 목적

1. 천사에 대한 연구를 통하여 우리는 하나님과 하나님이 역사하시는 방법을 정확하게 이해할 수 있다. 천사에 대하여 배우게 되면, 천상의 존재가 아닌 위대하신 하나님과 그의 종인 천사를 통하여 보여주시는 하나님의 능력과 은혜에 초점을 두게 된다. 하나님 말씀과 하나

님이 역사하시는 방법을 알 때, 의심이 사라지고 믿음이 강해지며, 슬픔 중에 위로가 되고 평화를 얻게 된다. 우리를 대신하여 일하는 천사들의 사역을 통하여 하나님이 우리를 사랑하시고, 계속해서 우리를 돕기 위하여 일하시는 것을 알게 된다. 이러한 사실이 우리에게 큰 위로와 기쁨이 된다.

2. 우리가 천사에 대하여 배울 때, 영적 존재가 아닌 위대하신 하나님과 그의 종인 천사를 통하여 보여주시는 하나님의 능력과 은혜에 초점을 두어야 한다.

3. 필요(요구)

4. 목적, 역사(행동)

5. 하나님을 사랑하고 섬기는 데 있어서 (1) 예배 (2)믿음 (3) 분별 (4) 복종 (5) 인내 (6) 기도 등이 중요하다.

6. 기도

7. 우리를 대신하여 일하는 천사들의 사역을 아는 것은 하나님의 사랑과 능력에 대한 믿음과 하나님이 우리와 함

께 하신다는 용기를 갖도록 한다.

8. 우리는 하나님을 사랑하고 섬기는 일에 집중해야 한다.

9. 하나님의 말씀을 심령과 마음에 채워야 하며, 영들을 시험해야 한다(요일 4:1-3을 보라).

10. 대답은 다양하다.

11. 우리가 "영과 진리(요 4:23-24)"로 예배하고, 마음을 다하며 목숨을 다하며 힘을 다하며 뜻을 다하여 하나님을 사랑하고(눅 10:27), 하나님께 복종하고 거룩한 삶을 산다면(살전 5:23), 인자와 진리가 우리 심령 속에 함께 거한다.

12. 대답은 다양하다.

13. 믿음과 오래 참음(인내)

14. 이와 같이 성령도 우리의 연약함을 도우시나니 우리는 마땅히 기도할 바를 알지 못하나 오직 성령이 말할 수 없는 탄식으로 우리를 위하여 친히 간구하시느니

라 마음을 살피시는 이가 성령의 생각을 아시나니 이는 성령이 하나님의 뜻대로 성도를 위하여 간구하심이니라(롬 8:26-27)

15. 천사와 인간

서문

Sir Francis Bacon, Oxford History of Quotations, 3rd ed(Oxford: Oxford University Press, 1980), 27.

1. 천사는 존재하는가?

Nancy Gibbs, "Angels Among U," Time(December 27, 1993):56.

2. 천사에 대한 진실

Billy Graham, Angels: God's Secret Agents(Nashville: W Publishing Group, 1995), 30.

3. 천사의 형상

Dr. David Jeremiah, What the Bible Says about Angels(Sisters, Ore.: Multnomah Books, 1996), 116.

Herbert Lockyer, All the Angels in the Bible(Peabody, Mass.: Hendrickson Publishers, Inc., 1995), 114.

6. 천사와 보호

Billy Graham, Angels: God's Secret Agents(Nashville: W Publishing Group, 1995), 137-39.

"A Strange Place to Hope" by Corrie ten Boom reprinted with permission from Guideposts. Copyright 1972 by Guideposts, Carmel, New York 10512. All rights reserved.

9. 천사와 구원

Corrie ten Boom, Marching Orders for the End Battle(Fort Washington, Pa.: Christian Literature Crusade, 1969), 112-13.

Angels

정말 천사는 있습니다!

발행일 2009년 9월 10일
2쇄 2014년 3월 10일

지은이 메어리 K. 백스터
펴낸이 장사경
편집디자인 김은혜

펴낸곳 Grace Publisher(은혜출판사)

주소 서울 종로구 종로 65길 12-10 그레이스탑
전화 (02) 744-4029 팩스 744-6578
출판등록 제 1-618호(1988. 1. 7)

ISBN 978-89-7917-870-8 03230